AF451829

CATALOGUE MENSUEL

(Nouvelle Série, N° 32)

JUILLET 1900

LIBRAIRIE

DE

THÉOPHILE BELIN

29, Quai Voltaire, PARIS

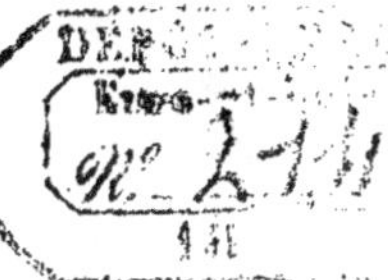

SOMMAIRE

L'Art pour tous, 1861-94, 33 vol. — Les Artistes contemporains, 1846-56. — *Azeglio*. La reale Galeria di Torino, 1836-44, 4 vol. — *Beaulieu*. Plans et profils des principales villes. — *Beaumont*. Gouverneurs, Prévôts de Paris 1744. — *Boccace*. Il Decamerone, 1757. — *Chenu*. Encyclopédie d'histoire naturelle, 1851-60. — Collection des Chroniques nationales, 1824-29, 47 vol. — *Detaille*. Armée française. — L'Eau-forte, 1874-79, 6 vol. — *Fréron*. L'Année littéraire, 1752, 65 vol. — Gazette des Beaux-Arts, 1859-1889. — *Gavard*. Galeries de Versailles, 1838. — Jardin de plaisance et fleur de réthorique, 1515. — *Jean d'Arras*. Melusine, 1517. — *S. Jérôme*. Epistolas, 1480. *Jodelle*. Œuvres, 1574. — Joyeusetés, 1829-37, 17 vol. — *La Croix du Maine*. Bibliothèques françaises, 1772-73, 6 vol. — *La Fontaine*. Œuvres, 1822. — *Lainé*. Archives généalogiques, 1828-50, 11 vol. — *Liger*. Économie generale, 1700. — *Lorentz*. Catalogue de la librairie, 1867-92. — *Magny*. Odes, 1559. — *Michel*. L'ancienne Auvergne, 1843-47. — *Molière*. Œuvres, 1734, 6 vol. — *Montaigne*. Essais, 1582. — *Montfaucon*. Antiquité expliquée, 1717, 15 vol. — *Morice*. Histoire de Bretagne 1742-46, 5 vol. — *Raynouard*. Choix de Poésies, 1816-21, 6 vol. — Le Théâtre d'honneur, 1618.

PARIS

LIBRAIRIE THÉOPHILE BELIN

29, QUAI VOLTAIRE, 29

1900

1405. Album de la Gazette des Beaux-Arts. Première et deuxième séries. *Paris*, 1867-1870 ; 2 vol. in-fol. en feuilles et en cartons. 75 fr.

> 100 gravures d'après les maîtres anciens et modernes : Raphaël, Ingres, Michel-Ange, Delacroix, Rembrandt, Meissonier, Paul Delaroche, Léonard de Vinci, Velazquez, Fromentin, Poussin, Baudry, Corot, Prudhon, Durer, Boucher, Reynolds, etc.

1406. Ampère (J.-J.). Mélanges d'histoire littéraire et de littérature. *Paris, Michel Lévy*, 1867 ; 2 vol. in-8, br. 7 fr.

1407. Angleterre. Itinéraire pittoresque au Nord de l'Angleterre, contenant 73 vues des lacs, des montagnes, des châteaux, etc., des comtés de Westmorland, Cumberland, Durham et Northumberland, accompagné ce notices historiques. *Londres, Fisher*, 1834-1836 ; 3 vol. in-4. — Itinéraire pittoresque aux comtés de Chester, de Derby, de Leicester, de Lincoln, de Nottingham et de Rutland. 76 vues. Traduit de l'anglais par Alexandre Sosson. *Londres, Fisher*, 1837-38 ; in-4. Ens. 4 vol. in-4, cart. toile, tr. dor. 40 fr.

> Ces quatre volumes sont illustrés ensemble de 295 charmantes et délicates gravures sur acier.

1408. Argentré (Bertrand d'). L'Histoire de Bretaigne, des roys, ducs, comtes et princes d'icelle ; l'establissement du royaume, mutation de ce tiltre en duché, continué jusques au temps de Madame Anne, dernière duchesse. *Paris, Jacques du Pays*, 1588 ; in-fol. de 28 et 832 ff., veau brun, tr. jaspée (*Rel. anc.*). 60 fr.

> Bel exemplaire de cet excellent ouvrage.

1409. Argentré (B. d'). L'Histoire de Bretaigne, des roys, ducs, comtes et princes d'icelle. *Paris, J. du Pays*, 1588 ; in-fol., veau. 30 fr.

> Manque le titre. — Mouillures.

1410. Arioste. Roland furieux. Traduction nouvelle et en prose par M. V. Philippon de la Madelaine. *Paris, Morizot*, 1864 ; in-8, demi-rel. chagr. rouge, plats toile, tr. dor. 7 fr.

> Illustrations sur bois d'après *Tony Johannot, Baron, Français et C. Nanteuil*.

1411. L'Art pour tous. Encyclopédie de l'art industriel et décoratif. *Paris, Morel*, 1861-1894 ; 33 vol. pet. in-fol., cart. 350 fr.

> Belle publication, renfermant de nombreux spécimens des arts graphiques de toutes les époques. — Bel exemplaire d'une conservation parfaite.

1412. Artistes contemporains (Les). *Paris*, 1846-1856 ; 2 vol. pet. in-fol., cart., *non rognés*. 80 fr.

> Recueil de 190 planches sur Chine : Paysages, sujets de genre, lithographiées par *J. Laurens, Anastasi, Français, Le Roux, Soulange-Tessier, Nanteuil, Bellel*, etc., d'après *Th. et Ph. Rousseau, Français, Nanteuil, Diaz, Cabat, Descamps, Delacroix, Dupré, Rosa Bonheur, Tournemine, Marilhat, Gavarni* et autres.

1413. Aubigné (Agrippa d'). Les Aventures du baron de Fœneste. Augmentées de plusieurs remarques historiques, de l'histoire secrète de l'auteur, écrite par lui-même, et de la bibliothèque de maître Guillaume, enrichie de notes par M*** (Le Duchat). *Amsterdam*, 1731 ; 2 vol. pet. in-8, mar. bleu, fil., dos orné, tr. dor. (*Capé*). 75 fr.

> Bel exemplaire. Frontispice gravé par *Rigaud*.

1414. Audsley et **Bowes.** La Céramique Japonaise. Edition française, publiée sous la direction de M. A. Racinet. Traduction de M. Louisy. *Paris, Didot*, 1880 ; 2 vol. in-fol., demi-rel. dos et coins de mar. brun, tête dor., *non rog.* 150 fr.

> Très belle publication, ornée de 63 planches en couleurs et en noir.
> Bel exemplaire.

1415. Auton. Chroniques de Jean d'Auton, publiées pour la première fois en entier, d'après les mss. de la bibliothèque du roi, avec une notice et des notes, par Paul L. Jacob. *Paris, Silvestre*, 1834-1835 ; 4 vol. in-8, demi-rel. dos et coins de mar. rouge, dos orné, tête dor., *non rognés* (*Belz-Niedrée*). 40 fr.

> Bel exemplaire.

1416. Azeglio. La Reale Galleria di Torino. Illustrata da Roberto d'Azeglio. *Torino, Bassadona*, 1836-1844 ; 4 vol. in-fol., demi-rel. dos et coins de mar. chagrin vert, tête dor., *non rognés*. 400 fr.

> Très bel exemplaire sur papier vélin, contenant 165 planches, avant la lettre.

1417. Babeau (Albert). Les Bourgeois d'autrefois. *Paris, Firmin-Didot*, 1886 ; in-8, br. 4 fr.

1418. **Babeau** (Albert). Le Parlement de Paris à Troyes en 1787. *Troyes et Paris*, 1871 ; in-12, br. 2 fr. 50

1419. **Babeau** (Albert). La Province sous l'ancien régime. *Paris, Firmin-Didot*, 1894 ; 2 vol. in-8, br. 8 fr.

1420. **Babeau** (Albert). La Vie militaire sous l'ancien régime. *Paris, Firmin-Didot*, 1889 ; 2 vol. in-8, br. 8 fr.

1421. **Babeau** (Albert). Le Village sous l'ancien régime. — La Ville sous l'ancien régime. *Paris, Didier*, 1878-1880; 2 vol. in-8, br. 8 fr.

ÉDITIONS ORIGINALES.

1422. **Bagetti**. Vues des Champs de bataille en Italie années 1796 à 1800. *Paris*, 1815 ; in-fol. oblong, demi-rel. chagr., pl. toile. 50 fr.

67 planches montées sur onglets.

1423. **Bals** de l'Opéra. Costumes du quadrille historique. *Paris, Rittner et Goupil, s. d. (vers 1840)* ; in-fol., cart. 100 fr.

Frontispice et 17 belles planches coloriées de costumes, lithographiées d'après les dessins de *H. Dupont, E. Delacroix, Boulanger, Saint-Evres, Robert-Fleury, T. Johannot, Devéria, Lami*, etc., et contenue dans de jolis encadrements composés par *Chenavard*.

1424. **Balzac** (Honoré de). Le Père Goriot. *Paris, Quantin*, 1885 ; gr. in-8, br. 60 fr.

Un des 100 exemplaires sur PAPIER DU JAPON, contenant la double suite des dix eaux-fortes d'*Abot*, d'après *Lynch*, avec et AVANT LA LETTRE.

1425. **Bandello**. Premier et second thome des Histoires tragiques, contenans XXXVI livres. Les six premiers, par Pierre Boisteau, surnommé Launay, natif de Bretaigne. Les trente suyvans par Fr. de Belle-Forest, Comingeois. Extraictes des œuvres italiennes de Bandel et mises en langue françoise. *Paris, Jacques Macé*, 1568 ; 2 vol. in-12, mar. rouge jans., tr. dor. (*Chambolle-Duru*). 100 fr.

Bel exemplaire.

1426. **Bartlett** et **Beattie**. The Ports, harbourgs, Watering-places, and coast scenery of Great Britain. Illustrated by wiews taken on the spot by W. H. Barlett ; with descriptions by William Beattie. *London, George Virtue*, 1842 ; 2 vol. in-4, cart. toile. 40 fr.

125 jolies planches gravées sur acier.

1427. **Bartlett**. La Suisse pittoresque, ornée de vues dessinées spécialement pour cet ouvrage. *Londres, G. Virtue*, 1836 ; 2 vol. in-4, cart. toile, tr. dor. 25 fr.

106 planches gravées sur acier.

1428. **Barrot** (Odilon). Mémoires posthumes. *Paris, Charpentier*, 1875-1876 ; 4 vol. in-8, br. 16 fr.

1429. **Bayle** (Pierre). Dictionnaire historique et critique. *Rotterdam, Reinier Leers*, 1697 ; 4 tomes en 2 vol. in-fol. — Nouveau Dictionnaire historique et critique pour servir de supplément au dictionnaire de P. Bayle, par Jaques George de Chaufepié. *Amsterdam*, 1750-1756; 4 vol. in-fol. Ens. 6 vol. in-fol., veau (*Rel. anc.*) 40 fr.

1430. **Bayle** (Pierre). Dictionnaire historique et critique. Nouvelle édition augmentée. *Paris, Desoer*, 1820 ; 16 vol. in-8, demi-rel. mar. violet (*Corfmat*). 70 fr.

Bon exemplaire.

1431. **Beaulieu**. Les plans et profils des principales villes et lieux considérables des principautés, duchés et comtés de Catalogne (Roussillon, Alost, Brabant, Cambray, Haynault, Namur, Limbourg, Lorraine et Bar, Artois et Flandre), avec la carte générale et les particulières de chaque gouvernement, par le sieur de Beaulieu. *Paris, chez l'auteur, s. d. (vers 1700)* ; 4 vol. in-4 obl., veau (*Rel. anc.*) 200 fr.

Ces 4 volumes renferment ensemble plus de 480 vues et plans de villes et places fortes conquises par Louis XIV, ou ayant été le théâtre de sièges ou combats ayant eu lieu sous ce Roi.

Cet ouvrage est encore connu sous le titre : *Les Glorieuses conquêtes de Louis le Grand;* ces mots se lisent au frontispice d'une des parties du recueil.

1432. **Beaumont**. Gouverneurs, Lieutenans de Roy, Prevôts des marchands, Echevins, Procureurs, Avocats du Roy, Greffiers, Receveurs, Conseillers et Quartiniers de la ville de Paris, gravées par Beaumont. (*Paris*, 1744) ; in-fol., demi-rel. veau fauve, tr. dor. 150 fr.

> Très bel exemplaire de ce rare armorial des plus importants pour l'histoire de Paris. Il donne avec une rigoureuse exactitude les blasons de tous les magistrats mentionnés dans le titre depuis le milieu du XIV⁰ siècle jusqu'à 1740.

1433. **Beaumont** (Ed. de). L'Épée et les femmes. *Paris, libr. des Bibliophiles,* 1881 ; in-4, br. 18 fr.

> 5 gravures d'après les dessins de *Meissonier.*

1434. **Beaux-Arts** (les). Illustration des arts et de la littérature. *Paris, Curmer,* 1844 ; 3 vol. in-4, demi-rel. veau. 70 fr.

> Lithographies par *Gavarni, Français, Mouilleron, Baron, Leroux*, etc., etc., et nombreuses vignettes sur bois dans le texte.
> Bel exemplaire.

1435. **Becq de Fouquières.** Les Jeux des anciens, leur description, leur origine, leurs rapports avec la religion, l'histoire, les arts et les mœurs. *Paris, Reinwald,* 1869 ; gr. in-8, br. 25 fr.

> Tirage à 50 exemplaires numérotés sur PAPIER VERGÉ. Illustrations gravées sur bois par *Léon le Maire.*

1436. **Béroalde de Verville.** Le Moyen de Parvenir. Nouvelle édition. *S. l.,* 1773 ; 2 vol. in-12, titres gravés, veau fauve. 15 fr.

> Jolie petite édition ornée du portrait-frontispice de l'auteur.

1437. **Berri** (Duchesse de). Mémoires historiques de S. A. R. Madame la Duchesse de Berri depuis sa naissance jusqu'à ce jour, publiés par A. Nettement. *Bruxelles, Hauman,* 1837 ; 3 vol. in-12, br. 10 fr.

1438. **Bertall.** La Comédie de notre temps. *Paris, E. Plon,* 1874-1876 ; 3 vol. in-4, brochés, couv. 44 fr.

> Texte et figures humoristiques : La Civilité, les habitudes, les mœurs. — Les Enfants, les jeunes, les mûrs, les vieux. — La vie hors de chez soi.

1439. **Bertrand** (Alexandre). Archéologie celtique et gauloise. Mémoires et documents relatifs aux premiers temps de notre histoire nationale. *Paris, Didier,* 1876 ; in-8, fig., br. 12 fr.

> Très rare.

1440. **Bibliographie.** Bibliographie des ouvrages relatifs à l'amour, aux femmes, au mariage, et des livres facétieux, pantagruéliques, scatalogiques, satyriques, etc., par le C. d'I*** (Gay). *Turin, J. Gay,* 1871-1873 ; 6 vol. in-8, demi-rel. mar. brun, tête dor., *non rognés.* 120 fr.

> Un des cent exemplaires sur GRAND PAPIER.

1441. **Blanc** (Charles). Les Artistes de mon temps. *Paris, Firmin-Didot,* 1876 ; in-8, demi-rel. dos et coins mar. rouge, tête dor. 8 fr.

> Figures sur bois.

1442. **Blanc** (Charles). Grammaire des arts du dessin. Architecture, sculpture, peinture. *Paris, Vve J. Renouard,* 1867 ; in-8, br. 10 fr.

> Nombreuses illustrations dans le texte.

1443. **Blanc** (Charles). Ingres, sa vie et ses ouvrages. *Paris, Vve Renouard,* 1870 ; gr. in-8, br. 15 fr.

> Portrait d'Ingres par *Flameng* et 12 gravures sur acier par *Henriquel-Dupont. Dien, Dubouchet, Flameng, Gaillard, Gaucherel, Haussoullier* et *Rosotte*, tirés sur Chine. — Papier vergé.

1444. **Blondel** (P.). Histoire des Eventails chez tous les peuples et à toutes les époques, suivi de notices sur l'écaille, la nacre et l'ivoire. *Paris, Loones,* 1875 ; in-8, br. 5 fr.

> 50 gravures sur bois dans le texte.

1445. **Boccace.** Il Decamerone di M. Giovanni Boccaccio. *Londra (Parigi, Prault),* 1757 ; 5 vol. in-8, cart., *non rognés.* 250 fr.

> Bel exemplaire avec les charmantes figures de *Gravelot, Boucher, Eisen, Cochin*, etc., en-têtes et culs-de-lampe en bonnes épreuves.

1446. **Bodin** (Jean). De la Demonomanie des Sorciers, par J. Bodin, angevin. *Paris, Jacques du Puys,* 1581 ; in-4, veau granit, dos orné. 30 fr.

> Bel exemplaire.

1447. **Boileau.** Œuvres, avec des éclaircissements historiques donnez par lui-même. *A La Haye,* 1722 ; 4 vol. in-12, veau fauve, dos orné (*Rel. anc.*) 15 fr.

> Très jolie édition ornée de figures, vignettes et culs-de-lampe par *Bernard Picart.*

Achat de Bibliothèques

1448. Boileau. Les Œuvres de Boileau-Despreaux, avec des éclaircissemens historiques (tirés de Brossette par J.-B. Souchay). *Paris, veuve Alix,* 1740 ; 2 vol. in-4, fig., veau marbr., dos orné, fil., tr. dor. (*Rel. anc.*)   60 fr.

> Belle édition renfermant un portrait par *Rigaud*, un fleuron, 7 vignettes en-tête par *Tremolières*, 38 culs-de-lampe et 6 lettres ornées, plus un fleuron en tête de la préface.
> Cet exemplaire contient les 6 figures de *Cochin*, illustrant le Lutrin.

1449. Bonaparte (Louis). Mémoires sur sa vie et son règne, ou documents historiques et politiques, et particularités secrètes sur la Hollande, disputée par la France et l'Angleterre. *Paris, Landois,* 1836 ; 3 vol. in-8, br.   15 fr.

> Cet ouvrage fut publié également sous le titre de : « *Documents historiques, et réflexions de la Hollande.* »

1450. Bossuet. Conférence avec M. Claude, ministre de Charenton, sur la matière de l'Eglise, par messire Jacques Bénigne Bossuet. *Paris, Séb. Mabre-Cramoisy,* 1682 ; in-12, veau.   10 fr.

> ÉDITION ORIGINALE.

1451. Bossuet (Jacques-Benigne). Discours sur l'histoire universelle. A Monseigneur le Dauphin : pour expliquer la suite de la Religion et les changemens des Empires. *Paris, Mabre-Cramoisy,* 1681 ; 3 part. en 1 vol. in-4, veau.   25 fr.

> ÉDITION ORIGINALE.

1452. Bossuet (Jacques-Benigne). Histoire des variations des églises protestantes. *Paris, Mabre-Cramoisy,* 1688 ; 2 vol. in-4, veau. 40 fr.

> ÉDITION ORIGINALE.

1453. Bourrienne. Mémoires sur Napoléon, le Directoire, le Consulat, l'Empire et la Restauration. Neuvième édition. *Paris, A. Ozanne,* 1839 ; 10 vol. in-12, br.   30 fr.

> Mémoires contenant des particularités des plus intéressantes sur la personne et le règne de Napoléon Ier.

1454. Bourrienne et ses erreurs volontaires et involontaires ou observations sur ses mémoires, par MM. le général Belliard, le général Gourgaud, le comte d'Aure, le comte de Survilliers, le baron Méneval, le comte Bonacossi, le prince d'Eckmulh, le baron Massias, le comte Boulay de la Meurthe, le ministre de Stein, Cambacérès, recueillies par A. B. (A. Buloz). *Bruxelles, L. Hauman,* 1830-1831 ; 3 vol. in-12, br.   12 fr.

1455. Boyer d'Agen. Terre de Lourdes. *Paris, Paul Ollendorff,* 1894 ; in-8 carré, br., couv. ill. 5 fr.

> Illustrations par Besnard, Besques, Fraipont, Luque, Mège, O. Merson, Myrbach, H. Pille, J. Wagrez, Willette, etc.

1456. Breton de la Martinière. La Chine en miniature ou choix de Costumes, Arts et Métiers de cet empire. *Paris, Nepveu,* 1811-1812 ; 6 vol. in-12, demi-rel. mar. bleu, *non rognés.*   30 fr.

> 102 jolies figures très finement coloriées.

1457. Caramuel Lobkowitz. Philippus prudens Caroli V imp. filius Lusitaniæ Algarbiæ, Indiæ, Brasiliæ legitimus rex demonstratus. *Antverpiæ, ex officina. Plantiniana, B. Moretus,* 1639 ; in-fol., veau fauve, dos orné, fil., milieux, tr. dor. (*Rel. anc.*)   100 fr.

> Titre, frontispice et 25 beaux portraits gravés en taille-douce.
> Exemplaire en GRAND PAPIER.

1458. Carderera y Solano. Iconographia española. Coleccion de retratos, estatuas, mausoléos y demas monumentos inéditos de reyes, reinas, grandes capitanes, escritores, etc., desde el siglo XI, hasta el XVII, copiados de los originales por D. Valentin Carderera y Solano. Con texto biografico y descriptivo, en español y francès, por el mismo autor. *Madrid, impr. de Don Ramon Campulano,* 1855-1864 ; 2 vol. in-fol., demi-rel. dos et coins veau, fil., tête dor. 170 fr.

> Nombreuses planches en lithographie.

1459. Caricatures. Raccolta di XXIV caricature designate colla penna dell celebre Cavalliere P. L. Ghezzi. *Dresde,* 1750 ; in-fol., demi-rel. chagrin rouge.   100 fr.

> On a réuni sous ce titre 35 caricatures de personnages italiens, gravées par *Oesterreich, Canale. Bombelli,* etc., d'après *Ghezzi, Internari,* etc., 13 dessins de même nature à la plume, et une suite : *Raccolta di diverse caricature delineate et incise da A. Van Westerhout.* Roma. 1765, titre et 12 pl. en largeur.

Et de Livres anciens et modernes

1460. Cervantes. L'ingénieux hidalgo don Quichotte de la Manche, par Miguel de Cervantes Saavedra, traduit et annoté par Louis Viardot. Vignettes de Tony Johannot. *Paris, J.-J. Dubochet*, 1836-1840 ; 2 vol. gr. in-8, demi-rel. dos et coins de chagr. vert, *non rognés.*   **30 fr.**

   2 frontispices, 2 figures tirées à part sur Chine volant et 800 vignettes gravées sur bois intercalées dans le texte.

1461. Chabat (Pierre). Fragments d'Architecture. Egypte , Grèce , Rome, Moyen-Age, Renaissance, Age moderne, etc. *Paris, Morel,* 1868 ; in-fol. *en feuilles,* dans un carton.   **30 fr.**

   60 planches gravées sur cuivre. (La feuille de texte pour la pl. 53 manque).

1462. Chansonnier (Le) des Grâces; avec la musique gravée des airs nouveaux. *Paris , Louis,* 1811 , 1813, 1815 ; 3 vol. in-12, front., bas.   **15 fr.**

   Le vol. de 1811 est relié en mar. rouge anc., dos orné, dent., tr. dor.

1463. Chansonnier historique du XVIIIe siècle. Publié avec introduction , commentaire , notes et index par Emile Raunié. *Paris, Quantin,* 1879-1884; 10 vol. in-12, cart., *non rognés.*   **45 fr.**

   Recueil Clairambault-Maurepas, orné de portraits à l'eau-forte par *Rousselle* et *Rivoalen.*

1464. Chassin (Ch.-L.). La Préparation de la guerre de Vendée, 1789-1793. *Paris, Paul Dupont,* 1892 ; 3 vol. in-8, br.   **15 fr.**

1465. Chassin (Ch.-L.). La Vendée patriote. 1793-1800. *Paris, Paul Dupont,* 1893-1895 ; 4 vol. in-8, br.   **18 fr.**

1466. Chateaubriand. Le Génie du Christianisme. *Paris, Furne,* 1859 ; in-8, fig., demi-rel. chagr. vert, plats toile, tr. dor.   **5 fr.**

1467. Chenu (Dr J.-C.). Encyclopédie d'histoire naturelle, ou traité complet de cette science d'après les travaux des naturalistes les plus éminents de tous les pays et de toutes les époques. Ouvrage résumant les observations des auteurs anciens et comprenant toutes les découvertes modernes jusqu'à nos ours. *Paris, Marescq et Havard*

(1850-1861) ; 31 vol. en 22 tomes in-4, demi-rel. veau fauve, tête dor., *non rognés.*   **120 fr.**

   Coléoptères, 3 vol. — Quadrumanes, 1 vol. — Oiseaux, 6 vol. — Botanique, 2 vol. — Papillons de nuit, 1 vol. — Papillons diurnes, 1 vol. — Mammifères, 4 vol. — Reptiles et poissons, 1 vol. — Crustacés, mollusques et zoophytes, 1 vol. — Annelés, 1 vol. — Races humaines, 1 vol. — Tables alphabétiques.
Nombreuses planches en noir.

1468. Cherville (G. de). Les Chiens et les Chats d'Eugène Lambert, avec une lettre préface d'Alexandre Dumas et notes biographiques par Paul Leroi. *Paris, libr. de l'Art,* 1888; in-4, br.   **20 fr.**

   Ouvrage illustré de 6 eaux-fortes et de 145 dessins par *Eugène Lambert.*

1469. Chevalier (Ulysse). Répertoire des sources historiques du Moyen-Age. Bio-bibliographie. *Paris,* 1876-1886 ; gr. in-8, br.   **15 fr.**

1470. Choderlos de Laclos. Les Liaisons dangereuses. Lettres recueillies dans une société et publiées pour l'instruction de quelques autres. *Paris, Delafol,* 1820 ; 4 vol. in-12, br.   **25 fr.**

   4 figures dessinées par *Canu.* Rare.

1471. Cholières. Œuvres, édition préparée par Ed. Tricotel. Notes, index et glossaire par D. Jouaust. Préface par Paul Lacroix. *Paris, Jouaust,* 1879 ; 2 vol. in-8, brochés.   **10 fr.**

   Les Matinées. — Les Après-Dinées.

1472. Chorier. Aloisiæ Sigeæ. Toletanæ Satyra Sotadica de Arcanis Amoris et Veneris. Aloisia Hispanice scripsit , Latinitate donavit Joannes Meursius (re vera auctore Nicolao Chorier). *Parisiis, Is. Liseux,* 1885 ; in-12, br.   **6 fr.**

   Ce livre, dont il a été fait d'innombrables éditions sous le titre de *Joannis Meursii Elegantiæ Latini sermonis,* est en réalité l'œuvre d'un jurisconsulte Français du XVIIe siècle, Nicolas Chorier : un écrivain nourri du plus pur miel de l'Antiquité ; le dernier Classique Latin, comme Bossuet le dernier Père de l'Eglise. Déjà, il y a près d'un siècle et demi, les éditeurs de la Collection Barbou lui assignaient sa place, entre Virgile et l'*Imitation de Jésus-Christ.* Les Latinistes contemporains seront heureux de le retrouver ici, dans une édition plus correcte et plus lisible qu'aucune de ses devancières.

1473. Claretie (Jules). Camille Desmoulins. Lucile Desmoulins. Etude

Achat de Bibliothèques

sur les dantonistes d'après des documents nouveaux et inédits. *Paris, Plon*, 1875 ; in-8, portr., br.   4 fr.

1474. Cléry. Journal de ce qui s'est passé à la tour du Temple pendant la captivité de Louis XVI, roi de France. *Londres, l'auteur*, 1798 ; in-8, demi-rel. mar. rouge, éb., *non rogné*.   8 fr.

> Vue et plan de la tour du Temple.

1475. Cohen. Guide de l'Amateur de Livres à vignettes et à figures du XVIIIe siècle. Quatrième édition revue, corrigée, par Henry Cohen. *Paris, Rouquette*, 1880 ; in-8, cart., *non rogné*.   25 fr.

1476. Collection des anciens Poètes français. *Paris, Coustelier*, 1723-1724 ; 10 vol. in-12, veau, marbré.   50 fr.

> Poésies de Coquillart. — Poésies de G. Crétin. — Poésies de G. Marot. — Œuvres de Villon. — Légende de maistre Pierre Faifeu. — La Farce de maistre Patelin. — Œuvres de Racan, 2 vol. — Poésies de Martial de Paris, dit d'Auvergne, 2 vol.

1477. Collection des Chroniques nationales françaises écrites en langue vulgaire, du XIIIe au XVIe siècle, avec des notes et éclaircissemens, par J.-A. Buchon. *Paris, Verdière et Carez*, 1824-1829 ; 47 vol. in-8, br.   100 fr.

1478. Collection des meilleurs Ouvrages de la langue française dédiée aux dames. *Paris, de l'impr. de P. Didot l'aîné*, 1813-1819 ; 23 vol. in-16, cart. *non rognés*. 100 fr.

> *Mme Riccoboni*. Lettres de mylady Castelby ; Histoire du marquis de Cressy ; Lettres de Mme de Sancerre, 2 vol.; Lettres de mistriss Fanny Butlerd ; — *Mme de Lafayette*. Zayde, 2 vol. ; la princesse de Clèves, 2 vol. — *Hamilton*. Mémoires de Grammont, 3 vol.; Contes, 3 vol. — *Mme de Tencin*. Comte de Comminge : Siège de Calais. — *Voltaire*. La Henriade, 2 vol. — *La Bruyère*. Caractères, 4 vol. PAPIER VÉLIN.

1479. Collection Lahure. Voyage de Paris à Saint-Cloud. — Le Conte de l'Archer. — La Matrone du pays de Soung. *Paris, Lahure*, 1883-1885 ; 3 vol. in-8, fig., br.   25 fr.

> Premier essai de reproduction d'aquarelles par la chromotypographie, inventée par Gillot.

1480. Contes et nouvelles en vers, par Voltaire, Vergier, Sénecé, Perrault, Moncrif, et le P. Ducereau.

Paris, Leclere fils, 1862 ; 2 vol. pet. in-8, demi-rel. chagr. bleu, tr. rouge.   30 fr.

> Charmantes figures de *Duplessi-Bertaux*.
> L'un des 100 exemplaires sur papier vélin.

1481. Cordier (F.-S.). Les Champignons de la France. Histoire — Description — Culture — Usages des espèces comestibles, vénéneuses, suspectes, etc. *Paris, Rothschild*, 1870 ; gr. in-8, demi-rel. dos et coins de chagr. brun, dos orné, tête dor., éb.   25 fr.

> Ouvrage illustré de 60 chromolithographies dessinées par *A.-D. Cordier*.

1482. Cormenin. Entretiens de Village. Neuvième édition, illustrée de 40 gravures. *Paris, Pagnerre*, 1847 ; in-12, br., couv.   10 fr.

> Vignettes dessinées par *Daubigny*, gravées sur bois par Mlles *Laisné*.

1483. Corneille (Pierre). Théâtre de P. Corneille. Texte de 1682, avec notices et notes par Alphonse Pauly. *Paris, Alphonse Lemerre*, 1881-1886 ; 8 vol. in-12, port., br. 70 fr.

> L'un des 50 exemplaires sur PAPIER WHATMAN (n°1) avec la suite des 35 eaux-fortes par *Mongin*, d'après *Gravelot*, tirées sur même papier et de format gr. in-8.

1484. Cosnac (Gabriel-Jules de). Souvenirs du règne de Louis XIV. *Paris, Renouard*, 1866-1882 ; 8 vol. in-8, br.   35 fr.

1485. Costumes. Modes de Paris. 125 planches coloriées de costumes et de coiffures de dames et d'hommes publiées par le petit Courrier des Dames. *Paris* (1822-1825) ; in-8, velours noir.   60 fr.

1486. Courrier breton (Le). (Attribué à Bonestat et à Montlyard). *S. l.*, 1626 ; in-8 de 30 pp. et 1 f. blanc. — La Vérité avec son conseil secret. *S. l. n. d.* ; in-8 de 48 pp. Ens. 2 ouvrages en un vol. pet. in-8, veau fauve (*Rel. anc.*). 50 fr.

> Pièces très rares. La première est dirigée contre les jésuites à propos de la mort de Henri IV.

1487. Courier de l'Europe, gazette anglo-française. 1779-1782. *Londres, Cox* ; 7 vol. in-4, demi-rel. veau fauve.   30 fr.

> Années 1779 2 vol., 1780 2 vol., 1781 2 vol., 1782 (1er semestre), 1 vol.

Et de Livres anciens et modernes

1488. Cruikshank's (George) illustrations of Humphrey Clinker, Roderick Random, Peregrine Pickle, Tom Jones, Joseph Andrews, Amelia, Vicar of Wakefield, sir Lancelot Greaves. *London, Charles Tilt,* 1836 ; in-12, cart., *non rogné.* 70 fr.

L'un des ouvrages rare et recherché du célèbre artiste humoriste anglais, illustré de 41 eaux-fortes dessinées et gravées par *Cruikshank* lui-même.

1489. Danse des morts. Der Hochloblichen und weitberumpten Statt Basel kurtze aber nutzliche Berchreibung ; inn welcher nicht allein von ihrem Ursprung, Namen Regiment : sondern auch was furnemlichen da zu sehen und sich verloffen tractieret sampt des Todtentantzes Basel und Berns Reümen mit darzu dienstlichen Figuren gezieret. Jetzt widerumb durch Hulderichum Frolich den Auctorem selbs mit Fleisz uberslhen augmentieret. *Getruckt zu Basel, durch Sebastianum Henricpetri,* 1608 ; pet. in-8, demi-rel. veau. 50 fr.

Suite de 41 figures dont trois sont répétées deux fois.

Les gravures sur bois de ce livre sont copiées sur la danse des morts de Bâle. Le graveur, est d'après la marque C. S. avec le couteau. *Conrad Scharffenberg* ou *Sigismond Gelenius* (Bartsch II. 1103). Incomplet du titre et cassures.

1490. Danse (La) des Morts de Bâle. *Bâle, Hasler, s. d.;* in-4, cart. toile, tr. dor. 15 fr.

40 lithographies de *G. Danzer* d'après *Hess.*

1491. Dauphiné. Mémoires pour servir à l'histoire de Dauphiné, sous les dauphins de la maison de la Tour du Pin, où l'on trouve tous les actes du transport de cette province à la couronne de France. (Par J.-P. Moret de Bourchenu de Valbonnais). *Paris, Imbert de Bats,* 1711 ; in-fol., veau brun. 30 fr.

Première édition.

1492. Dauphiné. Documents historiques inédits pour servir à l'histoire du Dauphiné, publiés sur les manuscrits originaux, par le comte Douglas. *Grenoble, impr. Ed. Allier,* 1874-1881 ; 3 vol. in-4, br. 40 fr.

Vie de Soffrey de Calignon et ses poésies, 1 vol. avec portrait et planches généalogiques illustrées de blasons en chro-

molithographie. — Actes et correspondance du connétable de Lesdiguières, 2 vol.

Un des 125 exemplaires sur papier de Hollande (n° 80). — Déchirure au faux-titre du tome III.

1493. Décade philosophique (La) littéraire et politique, *Paris, l'an II* (1793)-1802 ; 33 vol. in-8, pl., demi-rel. bas. 100 fr.

Collection très estimée, s'étendant dans cet exemplaire du 10 floréal an II au 30 prairial an X.

« La Décade philosophique est le premier recueil littéraire qui sortit des orages de notre Révolution ; ce fut comme la résurrection du goût et des principes en littérature, en morale et en politique. Ses principaux rédacteurs étaient Say, Amaury Duval, Lebreton et Andrieux ». (*Hatin,* Bibliogr. de la Presse, p. 246).

1494. Delacroix. L'Œuvre complet de Eugène Delacroix, peintures, dessins, gravures, lithographies, catalogué et reproduit par Alfred Robaut, commenté par Ernest Chesneau. Ouvrage publié avec la collaboration de Fernand Calmettes. *Paris, Charavay,* 1885 ; in-4 réglé, portr., br. 22 fr.

Nombreuses vignettes reproduisant l'œuvre du maître.

1495. Delvau (Alfred). Dictionnaire de la langue verte, argots parisiens comparés. 2e édition, entièrement refondue et considérablement augmentée. *Paris, Dentu,* 1867 ; in-12, demi-rel. bas. rouge. 20 fr.

1496. Delvau. Les Sonneurs de Sonnets. 1540-1866. *Paris, Bachelin-Deflorenne,* 1867 ; in-16, demi-rel. dos et coins de mar. bleu, dos orné, tête dor., *non rogné (Bretault).* 15 fr.

Papier de Hollande.

1497. Demoustier. Lettres à Emilie, sur la Mythologie. Dernière édition. *Paris, Patris,* 1800 ; 3 vol. in-8, veau racine, dos orné, dent., tr. marbr. 30 fr.

Portrait par *Gaucher* et 36 figures de *Monnet,* gravées par *Audouin.*

1498. Desormaux. Histoire de la maison de Bourbon, par M. Desormeaux. *Paris, de l'impr. royale,* 1772-1788 ; 5 vol. in-4, front. et fig., veau marbré, fil., tr. dor. (*Rel. anc.*). 120 fr.

Un des ouvrages les mieux illustrés du siècle dernier : 1 frontispice par *Boucher,* 1 fleuron de dédicace, 5 fleurons sur les titres et 21 culs-de-lampe par *Choffard*, 14 portraits par *Fragonard*, *Le Monnier* et *Vincent*, et 21 vignettes en-têtes par *Moreau*. Mouillures.

1499. **Detaille** (Édouard). TYPES ET UNIFORMES DE L'ARMÉÉ FRANÇAISE. Texte par Jules Richard. *Paris, Boussod et Valadon*, 1885-1889 ; in-fol., en livraisons. 900 fr.

> Exemplaire sur PAPIER DE HOLLANDE, avec les planches noires et coloriées, AVANT LA LETTRE.

1500. **Detaille** (Éd.). Types et uniformes de l'armée française. Texte par J. Richard. *Paris, Boussod et Valadon*, 1885-1889 ; 16 livraisons, in-fol. 450 fr.

> Magnifique publication de grand luxe, ornée de très belles illustrations par *E. Detaille*, comprenant 64 estampes hors texte, tirées en couleurs, et de nombreuses figures dans le texte.

1501. **Diable à Paris** (Le). Paris et les parisiens. Mœurs et coutumes, caractères et portraits des habitants de Paris, tableau complet de leur vie privée, publique, politique, artistique, littéraire, industrielle, etc. Texte par G. Sand, Gozlan, Soulié, Nodier, Briffault, Balzac, Karr, Gautier, Musset, etc. Illustrations par Gavarni. Vignettes par Bertall. *Paris, J. Hetzel*, 1845-1846 ; 2 vol. gr. in-8, demi-rel. veau bleu, tr. jaspée. 25 fr.

1502. **Dibdin**. Voyage bibliographique, archéologique et pittoresque en France, par le Rév. Th. Frognall Dibdin. Traduit de l'anglais avec des notes, par Théod. Licquet [et Crapelet]. *Paris, Crapelet*, 1825 ; 4 vol. in-8, demi-rel. veau fauve. 60 fr.

> Ouvrage des plus curieux par les appréciations plus ou moins malveillantes sur les hommes et sur les choses que l'auteur rencontra dans son voyage en France.
> MM. Licquet et Crapelet, dans cette traduction, ont relevé, dans des notes fort savantes, les erreurs du bibliographe anglais.
> Bel exemplaire.

1503. **Dons** (Les) des Enfants de Latone : la musique et la chasse du cerf, poème (par J. de Serre de Rieux). *Paris, Prault*, 1734 ; in-8, pl., veau. 30 fr.

> Un frontispice et 6 figures par *Oudry* (dont 5 techniques) ; 50 planches de musique gravée.

1504. **Ducarel**. Antiquités Anglo-Normandes. Traduites de l'anglais par A.-L. Lechaudé d'Amisy. *Caen, Mancel*, 1823. — **Delauney** : Origine de la Tapisserie de Bayeux, prouvée par elle-même. *Caen, Mancel*, 1824. Ens. 4 vol. gr. in-8, demi-rel. vélin, *non rognés*. 20 fr.

> 42 planches lithographiés hors texte.

1505. **Du Fail** (Noël). Contes et discours d'Eutrapel. Avec une notice, des notes et un glossaire par C. Hippeau. *Paris, lib. des bibliophiles*, 1875 ; 2 vol. in-8, br. 9 fr.

1506. **Du Fouilloux**. La Vénerie, précédée de quelques notes biographiques et d'une notice bibliographique (par Pressac). *Angers, Ch. Lebossé*, 1844 ; gr. in-8, br. 25 fr.

> Figures sur bois.

1507. **Duruy** (Albert). L'Instruction publique et la Révolution. *Paris, Hachette*, 1882 ; in-8, br. 4 fr.

1508. **L'Eau-forte** en 1874, 1875, 1876, 1877, 1878 et 1879, par des artistes les plus distingués. *Paris, Cadart*, 1874-1879 ; 6 vol. en feuilles et en cartons. 120 fr.

> 180 planches gravées à l'eau-forte par *Hédouin, Le Rat, Lalauze, Delaunay, Lalanne, Martial, Jacquemart*, etc.

1509. **Eloge** de l'Enfer. Ouvrage critique, historique et moral. (Par J.-Fr. Bernard). *La Haye, P. Gosse*, 1759 ; 2 vol. in-12, veau marbré, dos orné. 15 fr.

> Ouvrage orné de nombreuses figures par *Sibelius*.

1510. **Erasme**. Eloge de la Folie. Nouvellement traduit par M. de la Veaux. Avec les figures de Jean Holbein, gravées d'après les dessins originaux. *Basle, J.-J. Thurneysen*, 1780 ; in-8, veau fauve, dos orné, dent., tr. dor. (*Rel. anc.*). 35 fr.

> Bel exemplaire. Figures sur bois.

1511. **Escayrac de Lauture**. Mémoires sur la Chine — Le Langage, son histoire, ses lois. *Paris*, 1865 ; 2 vol. in-4, br. 18 fr.

> Publié à 30 fr.

1512. **Fabre** (François). Némésis médicale illustrée, recueil de satires par François Fabre, phocéen et docteur, revue et corrigée avec soin par l'auteur. *Paris*, 1840 ; 2

tomes en un vol. in-8, demi-rel. veau violet, dos orné, tr. marbr. 12 fr.

30 vignettes gravées sur bois d'après les dessins de Daumier.

1513. Faidherbe (Général). Le Sénégal. La France dans l'Afrique occidentale. *Paris, Hachette,* 1889 ; in-8, br. 6 fr.

21 gravures et 5 cartes ou plans.

1514. Fauchet (Claude). Les Œuvres de feu M. Claude Fauchet, premier président en la cour des Monnoyes. Reveues et corrigées en ceste dernière édition, suppléées et augmentées. *Paris, Jean de Heuqueville,* 1610 ; in-4, veau fauve, dos orné, fil. (*Rel. anc.*). 15 fr.

Collection aussi curieuse que recherchée. Elle comprend les ouvrages suivants avec titres particuliers : 1. Les Antiquitez gauloises et françaises. — 2. L'origine des dignitez des magistrats. — 2. L'origine des chevaliers, armoiries, etc. — 4. Recueil de l'origine de la langue.

1515. Feugère (Léon). Caractères et portraits littéraires du XVIe siècle. *Paris, Didier,* 1859 ; 2 vol. in-8, veau fauve, dos orné, fil., tr. dor. (*Petit-Simier*). 18 fr.

Chiffre couronné sur les plats.

1516. Le même. *Paris,* 1859 ; 2 vol., br. 8 fr.

1517. Feuillet de Conches. Causeries d'un Curieux. Variétés d'histoire et d'art tirées d'un cabinet d'autographes et de dessins. *Paris, Henri Plon,* 1862-1868 ; 4 vol. in-8, fac-similés, br. 20 fr.

1518. Feuillet de Conches. Louis XVI, Marie-Antoinette et Madame Elisabeth. Lettres et documents inédits. *Paris, Plon,* 1864-1873 ; 6 vol. in-8, portr., br. 25 fr.

1519. Feuillet de Conches. Histoire de l'Ecole anglaise de Peinture jusques et y compris sir Thomas Lawrence et ses émules. *Paris, Ernest Leroux,* 1882 ; in-8, br. 8 fr.

1520. Fillon (Benjamin). L'Art de Terre chez les Poitevins, suivi d'une étude sur l'ancienneté de la fabrication du verre en Poitou. *Niort, L. Clouzot,* 1864 ; in-4, br. 15 fr.

6 planches hors texte.

1521. Firmin-Didot (Georges). La Captivité de Sainte-Hélène, d'après les rapports inédits du marquis de Montchenu, par Georges Firmin-Didot. *Paris, Firmin-Didot,* 1894 ; in-8, br. 4 fr.

8 gravures hors texte.

1522. Flach (Jacques). Les Origines de l'ancienne France. Xe et XIe siècles. *Paris, Larose et Forcel,* 1886-1893 ; 2 vol. in-8, br. 10 fr.

Le régime seigneurial. — Les origines communales, la féodalité et la chevalerie.

1523. Foë (Daniel de). Aventures de Robinson Crusoé. Traduction nouvelle. Edition illustrée par J.-J. Grandville. *Paris, Garnier,* 1859 ; in-8, demi-rel. chagr. brun, plats toile, tr. dor. 5 fr.

Figures sur bois.

1524. Forneron. Les Ducs de Guise et leur époque. Etude historique sur le XVIe siècle. *Paris, Plon,* 1877 ; 2 vol. in-8, br. 10 fr.

1525. Français (Les) peints par eux-mêmes. Encyclopédie morale du XIXe siècle. *Paris, Curmer,* 1843 ; 8 vol. in-8, demi-rel. chagr. noir, tête dor., éb., *non rognés.* 75 fr.

Bel exemplaire orné de 100 planches hors texte et de nombreuses vignettes par *Pauquet, Gavarni, H. Monnier, Meissonier, Gagniet, Charlet, Lami,* etc., gravées sur bois.

1526. France (La) galante, ou histoires amoureuses de la Cour sous le règne de Louis XIV. *Cologne, Pierre Marteau, s. d. (vers* 1710); 2 vol. pet. in-12, mar. rouge jans., tr. dor. (*Vve Brany*). 45 fr.

A la suite de l'ouvrage principal on trouve encore : les Vieilles amoureuses ; Histoire de la maréchale de la Ferté ; la France devenue italienne ; le Divorce royal : Amours de Mgr le Dauphin avec la comtesse du Roure.

1527. Fréron. Lettres sur quelques écrits de ce temps. *Paris, Duchesne,* 1752-1753 ; 13 tomes en 12 vol. — L'année littéraire ou suite des lettres sur quelques écrits de ce temps. *Paris, Michel Lambert,* 1754-1760 ; 55 tomes en 53 vol. Ens. 65 vol. in-12, veau rac., dos orné (*Rel. anc.*). 120 fr.

Recueil des plus intéressants pour l'histoire littéraire du XVIIIe siècle.

1528. Fustel de Coulanges. Histoire des Institutions politiques de l'ancienne France. *Paris, Ha-chette*, 1888-1892 ; 5 vol. in-8, br. 25 fr.

> La Monarchie franque. — L'Alleu et le domaine rural pendant l'époque mérovingienne.—Les Origines du système féodal. — La Gaule romaine. — Les Transformations de la royauté pendant l'époque carolingienne.

1529. **Gaëte** (Duc de). Mémoires, souvenirs et écrits du duc de Gaëte (Martin-Michel-Charles Gudin), ancien ministre des finances. *Paris, Baudouin,*1826; 2 vol. in-8, br. 25 fr.

> Rare. De la collection des mémoires relatifs à la Révolution.

1530. **Garnier** (Charles). Le nouvel Opéra de Paris. *Paris, Ducher,* 1876-1881 ; 2 vol. gr. in-8, *brochés* et en livraisons. 15 fr.

> Texte seul.

1531. **Garnier** (Édouard). Histoire de la Verrerie et de l'Émaillerie. *Tours, Alfred Mame,* 1886 ; gr. in-8, br. 20 fr.

> Illustration d'après les dessins de l'auteur. Gravure de *Trichon.*

1532. **Gazette des Beaux-Arts.** Courrier européen de l'Art et de la Curiosité. *Paris,* 1859-1889 ; 68 vol. gr. in-8, demi-rel. dos et coins de mar. rouge, tête dor., *non rognés.* 2.000 fr.

> Bel exemplaire en GRAND PAPIER DE HOLLANDE, de l'origine à 1889 inclusivement.
> Nombreuses et belles planches gravées à l'eau-forte par les meilleurs artistes de notre époque.

1533. **Gazette des Beaux-Arts.** Courrier européen de l'Art et de la Curiosité. *Paris,* 1859-1887 ; 64 vol. in-8, br., *en livraisons.* 700 fr.

> Collection complète de l'origine à 1887 inclusivement.

1534. **Gavard.** Galeries historiques de Versailles, publiées par ordre du roi sous la direction de MM. Gavard, Calamatta et Mercuri. *Paris, Gavard,* 1838 et suiv. ; *en feuilles* dans 14 cartons in-fol. 400 fr.

> Belle publication comprenant 1695 planches gravées sur acier reproduisant tous les tableaux du musée de Versailles.

1535. **Gavard.** Galeries historiques du palais de Versailles. *Paris, Gavard,* 1845; 8 vol. gr. in-8, cart. toile, éb. 50 fr.

> Nombreuses figures sur acier.

1536. **Gessner** (Salomon). Œuvres. *Paris, Bossange, an V (1797);* 3 vol. in-18, veau fauve, dos orné, dent., tr. dor. (*Rel. anc.*) 10 fr.

> Ouvrage orné de jolies gravures non signées. Bel exemplaire.

1537. **Giacomelli.** Raffet, son œuvre lithographique et ses eaux-fortes, suivi de la bibliographie complète des ouvrages illustrés de vignettes d'après ses dessins par H. Giacomelli. *Paris, Gazette des Beaux-Arts,* 1862 ; in-8, br. 20 fr.

> L'un des 20 exemplaires sur GRAND PAPIER de Hollande, avec le portrait de Raffet et les figures tirées sur Chine.

1538. **Giraud** (J.-B.) Recueil descriptif et raisonné des principaux objets d'Art ayant figuré à l'Exposition rétrospective de Lyon en 1877. *Lyon, l'auteur,* 1878; in-fol., *en feuilles* dans un carton. 80 fr.

> 83 planches en héliogravures de Dujardin, reproduisant les objets d'art et principalement les meubles anciens exposés.

1539. **Goethe.** Faust. Eine tragödie von Johann Wolfgang von Goethe. Erster theil illustrirt in 50 cartons von Alexander Liezen Mayer, mit ornamenten von Rudolf Seitz. *Munchen et New-York, Stroefer et Kirchner,* 1876 ; in-fol., cart. toile, *non rogné.* 60 fr.

> Belle édition illustrée de 13 grandes planches gravées sur cuivre.

1540. **Goncourt** (Edm. et Jules de). L'Art du dix-huitième siècle. Troisième édition revue et augmentée. *Paris. Quantin,* 1880-1882 ; 2 vol. in-4, demi-rel. chagrin bleu, *non rognés.* 160 fr.

> Watteau. — Chardin. — Boucher. — Latour. — Greuze. — Les Saint-Aubin. — Gravelot. — Cochin. — Eisen. — Moreau. — Debucourt. — Fragonard. — Prud'hon.
> Exemplaire sur PAPIER WHATMAN tiré à 100 exemplaires, avec la double suite des figures AVANT et avec la lettre. Publié à 350 francs.

1541. **Goncourt** (Ed. et J. de). L'Art du XVIIIe siècle. *Paris, Charpentier,* 1881-1882 ; 3 vol. in-12, demi-rel. dos et coins de mar. brun, dos orné, tête dor., *non rognés.* 45 fr.

> L'un des 50 exemplaires tirés sur PAPIER DE HOLLANDE. Couvertures conservées.

1542. **Goncourt** (Ed. et Jules de). Madame de Pompadour. Nouvelle

Et de Livres anciens et modernes

édition, revue et augmentée de lettres et documents inédits. *Paris, Firmin-Didot*, 1888 ; in-4, demi-rel. dos et coins de mar. rouge, dos orné et mosaïqué, tête dor., *non rogné.*   35 fr.

Belle publication, ornée de 55 reproductions sur cuivre et de planches en couleur.

1543. Goncourt (Ed. et J. de). Sœur Philomène. *Paris, Charpentier*, 1876 ; in-12, demi-rel. dos et coins de mar. brun, tête dor., *non rogné* (*Pouillet*).   18 fr.

L'un des 25 exemplaires tirés sur PAPIER DE HOLANDE. Couverture conservée.

1544. Gonse (Louis). Eugène Fromentin, peintre et écrivain. Ouvrage augmenté d'un voyage en Egypte et d'autres morceaux inédits de Fromentin. *Paris, A. Quantin*, 1881 ; in-4, br.   15 fr.

Portrait et eaux-fortes.

1545. Grandville. Les Métamorphoses du Jour par Grandville. Accompagnées d'un texte par MM. Albéric Second, Louis Lurine, Cl. Caraguël, Taxile Delord, H. de Beaulieu, Louis Huart, Ch. Monselet, Julien Lemer. Précédées d'une sur Grandville par M. Charles Blanc. *Paris, Ch. Havard*, 1854 ; in-8, demi-rel. veau rose, dos orné. 25 fr.

70 figures coloriées, gravées sur bois.

1546. Grandville. Scènes de la vie privée et publique des Animaux, vignettes par Grandville. Etude de mœurs contemporaines publiées sous la direction de M. P.-J. Stahl, avec la collaboration de MM. de Balzac, L. Baude, E. de La Bédollière, etc. *Paris, Hetzel et Paulin*, 1842 ; 2 vol. gr. in-8, demi-rel. veau, *non rognés.*   75 fr.

Exemplaire entièrement non rogné.

1547. Grisier. Les Armes et le Duel. 3e édition, revue, corrigée et augmentée. *Paris, Dentu*, 1864 ; gr. in-8, br.   12 fr.

Portrait et figures. État de neuf.

1548. Guer. Mœurs et usages des Turcs, leur religion, leur gouvernement civil, militaire et politique. *Paris, Mérigot*, 1747 ; 2 vol. in-4, veau marbré, dos orné, dent., tr. rouge.   30 fr.

28 figures de *Boucher* et *Hallé*, gravées par *Duflos*, et 20 jolis fleurons et vignettes en-têtes, gravées en taille-douce.

1549. Guéranger (Dom). Sainte Cécile et la Société romaine aux deux premiers siècles. *Paris, Firmin Didot*, 1874 ; in-4, br.   40 fr.

L'un des 200 exemplaires tirés sur PAPIER VÉLIN A LA FORME, illustré de 2 chromolithographies, de 5 planches en taille-douce et de 250 gravures sur bois.

1550. Guérin (Léon). Histoire de la Marine contemporaine depuis le commencement du règne de Louis XVI jusqu'à 1850. *Paris, Dufour et Mulat*, 1851 ; 6 vol. in-8, demi-rel. chagr. bleu.   25 fr.

36 gravures sur acier, tirées sur Chine.

1551. Guerre de Crimée. The Seat of War in the East by William Simpson. *London, Paul and Dominic Colnaghi*, 1855 ; in-fol., demi-rel. dos et coins de chagr. brun. 100 fr.

Collection de 40 planches lithographiées et finement coloriées, représentant les divers épisodes du siège de Sébastopol et de la campagne de 1855-56 auxquels prirent part les troupes anglaises de l'expédition.

1552. Guicciardini (L.). Omnium Belgii, sive inferioris Germaniae regionum descriptio, Ludovico Guicciardino, authore. In latinum sermonem conversa Regnero Vitellio Zirizæo interprete. *Arnhemii, ex off. Johannis Janszonii*, 1616 ; in-4, bas.   30 fr.

106 planches sur cuivre de vues de villes et de plans du pays. — Rare.

1553. Guizot. Collection des Mémoires relatifs à l'Histoire de France, depuis la fondation de la Monarchie française jusqu'au XIIIe siècle, publiée par M. Guizot. *Paris, Brière*, 1823-1835 ; 32 vol. in-8, br.   70 fr.

1554. Hamilton (Antoine). Mémoires du comte de Grammont. *Paris, L. Conquet*, 1888 ; gr. in-8, demi-rel. dos et coins de mar. rouge, dos orné, tête dor., *non rog.* (*Champs*)   100 fr.

Portrait de l'auteur et 33 compositions de *Delort* gravées par *Boisson*.
Bel exemplaire sur papier vélin du Marais.

1555. Havard (Henry). L'Art à travers les mœurs. Illustrations par C. Goutzwiller. *Paris, G. Decaux ; A. Quantin*, 1882 ; in-4, demi-rel. dos et coins de mar. rouge, dos orné, tête dor., *non rogné*, couv. (*Canapé*). 100 fr.

Ouvrage illustrée de nombreux dessins dans le texte et de 25 grandes planches hors texte gravées sur bois ou en héliogravure.

Un des 100 exemplaires numérotés sur PAPIER DE HOLLANDE avec les héliogravures en 2 états : avant la lettre, sur Chine monté, et avec la lettre sur papier Whatman.

1556. Havard (Henry). L'Art à travers les mœurs. *Paris, Decaux*, 1882 ; gr. in-8, br. 15 fr.

Illustrations de *Goutzwiller*.

1557. Havard (Henry). L'Art dans la Maison. Grammaire de l'Ameublement. *Paris, Ed. Rouveyre*, 1884 ; gr. in-4, br. 75 fr.

Nombreuses et belles illustrations par *Corroyer, David, Prignot, Favier, Pichot, Goutzwiller, Kauffmann, Laurent, Toussaint, Bayard, Scott, Lancelot*, etc.
Un des 25 exemplaires sur PAPIER DU JAPON, publié à 200 francs.

1558. Havard (Henry). L'Art et les artistes hollandais. *Paris, Quantin*, 1879-1881 ; 4 vol. in-8, br. 20 fr.

Gravures hors texte, reproduisant les principales œuvres des maîtres.

1559. Hefner-Alteneck (J. H. de). Serrurerie ou les ouvrages en fer forgé du Moyen-âge et de la Renaissance. 84 planches gravées en taille-douce. Edition française publiée par M. Edwin Tross. Texte traduit par M. Daniel Ramée. *Paris, Tross*, 1869-1870 ; pet. in-fol., *en feuilles* dans 3 cartons. 60 fr.

Beaux modèles de serrurerie ancienne.

1560. Héloïse et Abailard. Lettres Edition ornée de huit figures gravées par les meilleurs artistes de Paris, d'après les dessins et sous la direction de Moreau le jeune. *Paris, J.-B. Fournier. de l'impr. de Didot le jeune, l'an IV* (1796) ; 3 vol. gr. in-4, demi-rel. mar. rouge, *non rognés*. 100 fr.

Figures gravées, d'après *Moreau*, par *Dambrun, Delvaux, Halbou, Lemire, Simonnet*, etc.
Exemplaire en GRAND PAPIER et AVANT LA LETTRE.

1561. Henriet (Frédéric). C. Daubigny et son œuvre gravé. Eaux-fortes et bois inédits par C. Daubigny, Karl Daubigny, Léon Lhermitte. *Paris, A. Lévy*, 1875 ; gr. in-8, br. 8 fr.

1562. Histoire et cronicque du petit Jehan de Saintré et de la Jeune dame des belles Cousines sans aultre nom nommer ; collationné sur les manuscrits de la bibliothèque royale et sur les éditions du XVIe siècle (par Lami-Denozan). *Paris, Firmin Didot frères*, 1830 ; in-8 goth. cart. toile, *non rogné*, éb. 20 fr.

Taches de rousseur.

1563. Histoire littéraire de la France où l'on traite de l'origine et du progrès de la décadence et du rétablissement des sciences parmi les Gaulois et parmi les François par les religieux bénédictins de la congrégation de Saint-Maur. Nouvelle édition par M. Paulin Paris. *Paris, Palmé*, 1865-1869 ; 15 vol. — Table générale, 1875 ; 1 vol. — Ens. 16 vol. in-4, dont les 10 premiers reliés en vélin blanc, tête dor., *non rognés*, et les derniers cart. percal. verte, *non rognés*. 140 fr.

1564. Historiettes baguenaudières par un Normand (le marquis de Chennevières-Pointel). *Aix, Aubin*, 1845 ; in-8, chagr. bleu, dos orné, dor. sur les plats, tr. dor. 12 fr.

Envoi d'auteur à Nadar.

1565. Hobbes (Thomas). Elemens philosophiques du citoyen. Traicté politique, où les fondemens de la société sont descouvert. Traduicts en françois par un de ses amis. *Amsterdam, impr. de Jean Blaeu*, 1649 ; pet. in-8, vélin à recouvrements. 12 fr.

Exemplaire avec la dédicace au comte de Devonshire, mais sans le portrait.

1566. Hoefer. Nouvelle Biographie universelle depuis les temps les plus reculés jusqu'à nos jours. *Paris, Firmin Didot*, 1852-1866 ; 46 vol. in-8, br. 65 fr.

La meilleure et la plus complète des biographies publiées jusqu'à ce jour.

1567. Holbein. Œuvre de Jean Holbein, ou recueil de gravures d'après ses plus beaux ouvrages accompagnés d'explications historiques et critiques, et de la vie de ce fameux peintre par Chretien de Mechel. *A Basle, chez l'auteur*, 1780 ; pet. in-fol., cart., *non rogné*. 80 fr.

1re partie : *Le Triomphe de la mort*. 47 fig. ; *le Triomphe de la pauvreté et de la richesse*. 2 pl. — 2e partie. *La Passion de Notre-Seigneur*, titre et 12 pl.

Et de Livres anciens et modernes

1568. **Hopital de Dublin.** An Account of the foundation of the royal Hospital of king Charles II, near Dublin, for the relief and maintenance of antient and maimed officiers and soldiers of the army of Ireland. *Dublin, Rob. Owen*, 1725 ; in-12, mar. rouge, dos orné, dent., tr. dor. (*Rel. anc.*)　15 fr.

La fin de cet ouvrage est consacré au texte des chartes de l'hôpital.

Armes royales d'ANGLETERRE sur les plats de la reliure.

1569. **Horace.** Œuvres. Traduction en vers par le comte Siméon. *Paris, Jouaust*, 1874 ; 3 vol. in-8, br.　40 fr.

Vignettes en-têtes gravées à l'eau-forte. Publié à 100 fr.

1570. **Horace** et **Juvénal.** Satyres d'Horace et de Juvénal, avec quelques épigrammes choisies de Martial, traduites en vers françois par M. le président Nicole. *Paris, Charles de Sercy*, 1669 ; in-12, front., mar. rouge, dos orné, fil., tr. dor. (*Rel. anc.*).　15 fr.

Exemplaire provenant de la bibliothèque de COLBERT.

1571. **Houdenc.** Meraugis de Portlesguez, roman de la table ronde, par Raoul de Houdenc, publié pour la première fois par H. Michelant. *Paris, Tross*, 1869 ; in-8, mar. rouge, dos orné, fil., tr. dor. (*R. Petit*).　140 fr.

Édition ornée de la reproduction fac-similé, en noir, des miniatures du manuscrit de Vienne.

Exemplaire sur PEAU DE VÉLIN, avec le texte encadré d'un filet rouge.

1572. **Houdetot** (Adolphe d'). Braconnage et contre-braconnage, par Adolphe d'Houdetot. *Paris*, 1858 ; in-8, demi-rel. mar. brun, tête dor., *non rogné*.　15 fr.

1573. **Houdetot** (Adolphe d'). Galerie des Chasseurs illustres. *Paris*, 1855 ; in-8, br.　15 fr.

Nemrod. — S. Hubert. — Jules Gérard. Delegorgue. — Bombonnel. — Elzéar Blaze.

Rare édition complète, ornée de 5 portraits et de 3 figures en taille-douce.

1574. **Houssaye** (Arsène). Histoire du 41e fauteuil de l'Académie française. Sixième édition. *Paris, H. Plon*, 1861 ; in-8, portr., br.　4 fr.

1575. **Houssaye** (Arsène). Molière, sa femme et sa fille. *Paris, Dentu*, 1880 ; in-fol., br.　30 fr.

Bel ouvrage orné de nombreuses eaux-fortes par *Hanriot*, et de reproductions d'anciennes illustrations des œuvres du poète comique.

1576. **Huart** (Louis). Museum parisien. *Paris, Beauger*, 1841 ; in-8, demi-rel. chagrin rouge.　15 fr.

Vignettes par *Grandville, Gavarni, Daumier*, etc.

1577. **Huber.** Notices générales des Graveurs divisés par nations, et des Peintres rangés par écoles. *Dresde et Leipzig*, 1787 ; un tome en 2 vol. in-8, front., demi-rel. bas.　10 fr.

1578. **Huet.** Dissertations sur differens sujets composées par M. Huet, recueillies par M. l'abbé de Tilladet, augmentées des remarques de M. Benoist et du R. P. Thomas Marie Griselli. *Florence, Pierre Cajetan Viviani*, 1738 ; 2 vol. in-12, veau, dos orné (*Rel. anc.*).　8 fr.

1579. **Hugo** (Général). Mémoires du Général Hugo, gouverneur de plusieurs provinces et aide-major-général des armées en Espagne. *Paris, Ladvocat*, 1823-1824 ; 3 vol. in-8, br.　15 fr.

Ces mémoires sont ceux du père de Victor Hugo.

1580. **Hugo** (Victor). Hernani, drame en cinq actes. Un portrait d'après Devéria et quinze compositions de Michelena gravés à l'eau-forte par Boisson. *Paris, L. Conquet*, 1890 ; gr. in-8, demi-rel. dos et coins de mar. brun à grains longs, dos orné, tête dor., *non rogné* (*Champs*). 100 fr.

L'un des 350 exemplaires sur PAPIER VÉLIN DU MARAIS.

1581. **Hugo** (Victor). Histoire d'un Crime. Déposition d'un témoin. *Paris, Calmann Lévy*, 1877-1878 ; 2 vol. gr. in-8, portr., demi-rel. dos et coins de mar. rouge, tête dor., *non rognés* (*Pouillet*).　25 fr.

L'un des 40 exemplaires sur PAPIER DE HOLLANDE.

1582. **Hugo** (Victor). Les Misérables. *Paris, Hetzel*, 1866 ; in-4, br. 12 fr.

200 dessins de *Brion* gravés sur bois.

1583. **Hugo** (Victor). Ruy Blas, drame en cinq actes. *Paris, Conquet*, 1889 ; gr. in-8, br.　90 fr.

Très belle édition. Exemplaire sur PA-

PIER DU JAPON, contenant 12 eaux-fortes d'*Adrien Moreau* en deux états, avec et AVANT LA LETTRE.

1584. Hugo de S.-Victor, Origène et Dominique **Nanus**. In hoc volumine continent tractatus infrascripti venerabilis magistri Hugonis de Sancto Victore canonici regularis viri doctissimi et sanctissimi. De sacramentis lib. II. Didascalon lib. VII. De anima Christi tract. I. De laude charitatis tract. I. Quo studio orandus sit Deus tract. I. Mysterium de filia Jepte tract. I. etc. (In fine :) *Venetiis, per Jacobum Pentium Leucensem, anno* 1506 *die* 21 *octob.*; in-fol. goth. de 192 ff. (le dernier blanc) à 2 col. — Explanatio Origenis Adamanti presbyteri in Epistola Pauli ad Romanos divo Hieronymo interprete. (In fine :) *Venetiis, per Simoni de Lucre,* 26 *januarii* 1506 ; in-fol. goth. de 74 ff. (le dernier blanc) à 2 col. — Polyanthea Opus suavissimis floribus exornatum compositum per Dominicum Nanum mirabellium, civem Albensem. *Venetiis,* 1507. (In fine :) *Venetiis, arte et impensis Petri Liechtenstein Coloniensis Germani, anno* 1507 *die* 17 *februarii ;* in-fol. goth. de 218 ff. à 2 col. Ens. 3 ouvrages en un vol. in-fol., peau de truie estampée, fermoirs (*Rel. anc.*). 150 fr.

Beaux exemplaires réunis dans une bonne reliure du début du XVIᵉ siècle, avec ornements à froid sur les plats.

1585. Humbert - Bazile. Buffon, sa famille, ses collaborateurs et ses familiers. Mémoires par M. M. Humbert-Bazile, son secrétaire. Mis en ordre, annotés et augmentés de documents inédits par M. Henri Nadault de Buffon. *Paris, Vᵛᵉ J. Renouard,* 1863 ; in-8, br. 5 fr.

5 portraits sur acier.

1586. Hurtado de Mendoza. Aventures et espiègleries de Lazarille de Tormes, écrites par lui-même. Nouvelle édition ornée de 40 figures dessinées et gravées par N. Ransonnette. *Paris, impr. de Didot jeune.* 1801 ; 2 vol. in-8, portr. et fig., demi-rel. dos et coins de mar. brun, dos orné, tête dor., *non rognés* (*Raparlier*). 60 fr.

Bel exemplaire de cet ouvrage attribué à Hurtado de Mendoza. La figure du chap. XVII est intacte.

1587. Iconographie des Contemporains depuis 1789 jusqu'à 1829. *Paris, Delpech,* 1833 ; 2 vol. in-4, demi-rel. mar. rouge, éb. 50 fr.

202 portraits lithographiés de personnages célèbres de la Révolution, de l'Empire et de la Restauration.

1588. Imbert. Les Egarements de l'amour ou lettres de Fanéli et de Milfort. *Amsterdam,* 1776 ; 2 tomes en un vol. in-8, demi-rel. dos et coins de chagr. rouge, tr. dor. 12 fr.

Figures de *Moreau.*

1589. Imitation (De l') de Jésus-Christ. Traduction nouvelle par le sieur de Breuil, prieur de Saint-Val. Nouvelle édition. *Paris, Guill. Desprez,* 1750 ; in-8, fig., mar. brun, dos orné, dent., tr. dor. (*Rel. anc.*). 30 fr.

Figures en taille-douce.

1590. Irson. Abregé méthodique, familier et raisonné des Changes étrangers, contenant les raports ou comparaisons que les monoyes, les poids et les mesures des villes les plus célèbres de l'Europe ont entr'-elles. *Paris, Est. Chardon,* 1694 ; in-12 réglé, mar. rouge, dos orné, fil., tr. dor. (*Rel. anc.*). 60 fr.

Exemplaire aux armes de Jérôme PHÉLYPEAUX, comte de PONTCHARTRAIN.

1591. Iturbide (Don Augustin). Mémoires autographes de Don Augustin Iturbide, ex-empereur du Mexique. Traduits de l'anglais de M. J. Quin, par J. T. Parisot. *Paris, Bossange,* 1824 ; in-8, br. 3 fr.

1592. Iung (Th.). Lucien Bonaparte et ses mémoires. 1775-1840. D'après les papiers déposés aux archives étrangères et autres documents inédits. *Paris, Charpentier,* 1882-1883 ; 3 vol. in-8, br. 10 fr.

1593. Jacquemart et **Le Blant**. Histoire artistique, industrielle et commerciale de la Porcelaine, accompagnée de recherches sur les sujets et emblèmes qui la décorent, les marques et inscriptions qui font reconnaître les fabriques d'où elle sort. *Paris, Techener,* 1862 ; petit in-fol., vélin à recouvrement, tête dor., *non rogné.* 80 fr.

Ouvrage épuisé et rare, enrichi de 26 eaux-fortes par *Jules Jacquemart.*

Et de Livres anciens et modernes

1594. Jacquemart (Alb.). Histoire du Mobilier. *Paris, Hachette, 1876;* gr. in-8, br. 20 fr.

Ouvrage fort intéressant, contenant de nombreuses reproductions de meubles de toutes les époques.

1595. Jacquemin (R.). Histoire générale du Costume civil, religieux et militaire du IVe au XIIe siècle. — Occident — (315-1100). *Paris, Delagrave, s. d.* (1879) ; in-4, br. 18 fr.

48 planches de costumes, coloriées et tirées hors texte.

1596. Janin (Jules). Les Amours du chevalier de Fosseuse. *Paris, Miard,* 1867 ; in-12, br., couv. 6 fr.

ÉDITION ORIGINALE imprimée par Jouaust.

1597. Janin (Jules). L'Ane mort et la femme guillotinée. *Paris, Delangle,* 1830 ; in-16, cart., *non rogné.* 15 fr.

Deuxième édition imprimée par J. Didot sur PAPIER VERGÉ et illustrée d'un frontispice et d'une figure d'*Alfred Johannot.*
Bel exemplaire.

1598. Janin (Jules). L'Ane mort. *Paris, Bourdin,* 1842 ; gr. in-8, demi-rel. dos et coins de mar. brun, dos orné, tête dor., *non rogné.* 25 fr.

Édition illustrée par *Tony Johannot,* d'un portrait de l'auteur, gravée sur acier, et d'un grand nombre de figures sur bois. Couverture conservée.

1599. Janssen (Jean). L'Allemagne et la réforme. L'Allemagne à la fin du Moyen-Age. Traduit de l'allemand. *Paris, Plon,* 1887 ; in-8, br. 4 fr.

1600. Jardin de plaisance (Sensuyt le) et fleur de rethorique contenant plusieurs beaulx livres, comme le donnet de noblesse baille au roy Charles VIII. Le chief de joyeuseté, avec plusieurs autres en grant nombre. *Imprime nouvellement à Paris,* (A la fin :) *Par la veufve de feu Jehan Trepperel, et Jehan Jehannot imprimeur et libraire... demourant en la rue neufve nostre dame à l'enseigne de l'escu de France, s. d.* (vers 1515) ; in-4 goth. de 224 ff. chiffr. à 2 col. et 2 ff. non chiffr., titre rouge et noir, mar. brun, fil. à froid, tr. dor. (*Masson-Debonnelle*). 350 fr.

En composant cet ouvrage, l'auteur inconnu, qui se désigne sous le nom d'Infor-

tuné, a certainement eu pour but de résumer en une sorte d'art poétique, par des exemples extraits d'Alain Chartier, de Charles d'Orléans, de Gréban, de Villon, de Coquillart, de Christine de Pisan et autres, les productions littéraires des poètes français antérieurs ou contemporains à son temps.

Parmi les poèmes anonymes que l'on trouve en entier, on remarque entre autres : *le Debat de l'amoureux et de la dame* (f. 90), *le Debat de l'Escondit et de l'estrange* (f. 94), *le Parlement d'amour et de la dame sans mercy* (f. 100), *le Debat des deux fortunez* (f. 115), *le Debat du marié et du non marié* (f. 127), *le Livre des dames* (f. 129), *la Pipée du dieu d'amours* (f. 151), etc., etc.

Remarquons encore d'après Brunet que le chiffre xlvii imprimé au verso du dernier feuillet n'est pas, comme l'a cru l'abbé Gouget, la date de 1547, mais l'indication du nombre des cahiers du volume.

Bel exemplaire de cette édition précieuse et rare, ornée de jolies figures sur bois.

1601. Jean d'Arras. MELUSINE nouvellement imprimee a Paris. (A la fin :) *Cy finist lhytoire de Melusine nouvellement imprimee a Paris. Et fut achevee le xiiii daoust l'an 1517, par Michel le Noir, librairejure en l'univeriste de Paris;* pet. in-4 goth. de 100 ff., mar. La Vallière, dos orné, comp. de fil. droits et courbes, fers azurés, tr. dor. (*Capé*). 500 fr.

Édition extrêmement rare. Le premier feuillet est orné d'une curieuse figure sur bois, répétée au recto du dernier feuillet, représentant la métamorphose de Mélusine.

Bel exemplaire dans une jolie reliure imitée du XVIe siècle.

1602. Jérôme (Saint). BEATI HIERONYMI EPISTOLAS. *In urbe Parmensi diligenter et emendatum et impressum est. Anno 1480, idibus Madiis;* 2 vol. in-fol., basane. 400 fr.

Bel et rare incunable, imprimé à longues lignes et en caractères ronds; comprenant 252 ff. non chiffr. pour le 1er volume et 329 pour le second.

Toutes les lettrines des alinéas ont été enluminées et le 1er f. de chaque volume porte les armes peintes d'un membre de la famille VISCONTI DE MILAN.

Quelques piqûres de vers et légères déchirures.

1603. Jodelle (Etienne). Les Œuvres et meslanges poétiques d'Estienne Jodelle, sieur du Lymodin. Premier volume. *Paris, Nicolas Chesneau et Mamert Patisson,* 1574 ; in-4, mar. rouge jans., tr. dor. (*Thibaron-Joly*). 350 fr.

Ce très rare volume, le seul publié, est imprimé en lettres italiques. Il fut mis en lumière par Charles de la Mothe, auteur de l'étude sur la Poésie françoise et les œuvres d'Et. Jodelle, placée en tête de l'ouvrage.

Très bel exemplaire.

1604. Johanet (Auguste). La Vendée à trois époques, de 1793 jusqu'à l'Empire. 1815-1832. *Paris, Dentu,* 1840 ; 2 vol. in-8, br. 8 fr.

1605. Joli (Guy). Mémoires de Guy Joly et Mémoires de Mme la duchesse de Nemours. *Genève,* 1777 ; 2 vol. in-12, veau, dos orné (*Rel. anc.*). 8 fr.

1606. Jombert (Ch.-Ant.). Catalogue raisonné de l'Œuvre de Sébastien Le Clerc, dessinateur et graveur du cabinet du Roi, disposé par ordre historique, suivant l'année où chaque pièce a été gravée depuis 1650 jusqu'en 1714. *Paris, l'auteur,* 1774 ; 2 vol. in-8, cart., éb. 18 fr.

1607. Jombert (Ch.-Ant.). Essai d'un Catalogue de l'Œuvre d'Etienne de la Belle, peintre et graveur florentin ; disposé par ordre historique suivant l'année où chaque pièce a été gravée. Avec la vie de cet artiste. *Paris, l'Auteur,* 1772 ; in-8, veau, dos orné (*Rel. anc.*). 18 fr.

2 jolies vignettes en-tête dessinées par *C.-N. Cochin*, gravées par *B.-L. Prévost.*

1608. Joubert père (F.-E.). Manuel de l'Amateur d'Estampes, faisant suite au Manuel du libraire. *Paris, l'auteur;* 1821 ; 3 vol. in-8, demi-rel. basane. 25 fr.

Remarques qui déterminent le mérite et la priorité des épreuves. — Caractères auxquels on distingue les originaux d'avec les copies. — Prix que les pièces capitales peuvent conserver dans le commerce, etc.

1609. Joullain. Réflexions sur la Peinture et la Gravure, accompagnées d'une courte dissertation sur le Commerce de la Curiosité et les Ventes en général. Ouvrage utile aux Amateurs, aux Artistes et aux Marchands, par C.-F. Joullain fils aîné. *Metz, Impr. de Claude Lamort,* 1786 ; in-12, front., mar. rouge, dos orné, fil., tr. dor. (*Thibaron-Joly*). 40 fr.

Très bel exemplaire relié sur brochure.

1610. Journal général de l'Imprimerie et la Librairie. Rédigé par

Pillet. (*Paris,* 1811) ; in-8, demi-rel. bas. 25 fr.

Ce volume très rare renferme la description de 2548 ouvrages : il peut être considéré comme la tête du Journal officiel de la librairie : la Bibliographie de l'Empire français.

1611. Joyeusetez, Facecies et folastres Imaginations de Caresmeprenant, Gaulthier Garguille, Guillot Gorju, Roger Bontemps, etc. *Paris, Techener,* 1829-1837 ; 17 vol. in-16, mar., dos orné, fil., tr. dor. (*Hardy*). 350 fr.

Collection de facéties et de poésies anciennes, la plupart très rares, tirée sur PAPIER DE HOLLANDE.

Tome I : Evangile des connoiles. — Tome II : Facecies de Du Moulinet. — Tome III : Dix pièces sur le mariage (car. goth.). — Tome IV : Dix pièces : le Caquet des chambrières, les Ruses des chambrières, la Maltôte des cuisinières, etc. — Tome V : La Fleur de toute joycuseté (car. goth.). — Tome VI : La Fleur des chansons nouvelles. Le Blason des danses, par G. Paradin. — Tome VII : Recueil de tout soulas. Le Plaisant boutehors d'oysiveté (car. goth.). — Tome VIII : 4 pièces : Vie généreuse des Mattois, Cabale des filous, le Jargon, Complainte au grand cœsre. — Tome IX : Six pièces : Songe de la pucelle, Divers Propos d'un pricur, Dialogue plaisant, Devot sermon de saint Jambon, Sermon de saint Raisin, Déploration de Robin, Moyens d'éviter mérencolie (car. goth.). — Tome X : Formulaire fort récréatif de tous contrats. — Tome XI : Les Adevineaux amoureux. — Tome XII : Avis des trois bibliophiles et 6 pièces. — Tome XIII : Liminaire des trois bibliophiles : Fleur des chansons. Chanson nouvelle des Suysses. Cri de joye (car. goth.). — Tome XIV : Avis des trois bibliophiles et 8 pièces. — Tome XV : Dernier mot des trois bibliophiles, 10 pièces sur Tabarin. — Tome XVI : Avis des trois bibliophiles, 12 pièces de La Coquille, Caresmes-prenant, Gaultier Garguille, etc. — Tome XVII : Les Quinze Joies de mariage.

Bel exemplaire de M. A. VEINANT, dans une jolie reliure de Hardy en maroquin de diverses couleurs : vert foncé, vert clair, orange, citron, rouge, bleu, etc.

1612. Juvénal des Ursins (Jean). Histoire de Charles VI, roy de France, et des choses mémorables advenues de son règne, des l'an 1380 jusques en l'an 1422. Mise en lumière par Théodore Godefroy. *Paris, Abraham Pacard,* 1614 ; in-4, veau. 20 fr.

ÉDITION ORIGINALE.

1613. Knip (Mme). Les Pigeons, par Madame Knip, née Pauline de Courcelles. Le texte par C. J. Themminck. *Paris, Mme Knip et Garnery,* 1811 ; gr. in-fol., demi-rel.

Et de Livres anciens et modernes

dos et coins de mar. rouge, *non rogné*.   150 fr.

> Bel ouvrage, renfermant 87 planches en couleur. Il est divisé en 3 parties, la 1ʳᵉ avec 11 pl., la 2ᵉ avec 60 pl., et la 3ᵉ avec 16 pl. — Bel exemplaire.

1614. **Krell** (P.-F.). Les Classiques de la Peinture. Renaissance italienne (1420-1540). Collection des œuvres les plus célèbres des maîtres italiens avec texte explicatif. Traduit (sur l'original allemand) par G. Dubray. Impression photographique de M. Rommel à Stuttgart. *Paris, F. Vieweg, s. d.;* in-fol., pl., demi-rel. dos et coins de chagr. bleu, dos orné, tête dor., *non rogné*.   45 fr.

> 68 planches reproduisant les meilleures œuvres des grands maîtres.

1615. **Labbé** (le Père Philippe). Histoire du Berry, abbregée dans l'éloge panégyrique de la ville de Bourges, capitale dudit païs. *A Paris, chez Gaspard Meturas, 1647;* in-16, vélin (*Rel. anc.*).   15 fr.

> Petit ouvrage rare dans lequel on trouve les « Blasons des armoiries de plusieurs familles nobles de la ville de Bourges et duché de Berry ».

1616. **La Borderie** (Arthur de). Essai sur la Géographie féodale de la Bretagne, avec des fiefs et seigneuries de cette province. *Rennes, Plihon et Hervé, 1889;* gr. in-8, br.   5 fr.

1617. **Laboulaye** (Edouard). Essai sur les Lois criminelles des romains, concernant la responsabilité des magistrats. *Paris, Durand, 1845;* in-8, demi-rel. mar. brun, tête jasp., *non rogné*.   20 fr.

> ÉDITION ORIGINALE.

1618. **Laboulaye** (Edouard). Histoire du droit de Propriété foncière en Occident. *Paris, l'auteur, 1839;* in-8, demi-rel. mar. brun, tête jaspée, *non rogné*.   20 fr.

> ÉDITION ORIGINALE.

1619. **La Bruyère**. Les Caractères de Théophraste traduits du grec : avec les Caractères ou les mœurs de ce siècle. Sixième édition. *Paris, Estienne Michallet, 1691;* in-12, veau (*Rel. anc.*).   20 fr.

> SIXIÈME ÉDITION ORIGINALE, renfermant 77 Caractères nouveaux publiés pour la première fois.
> Haut. : 164 mm.

1620. **La Bruyère**. Les Caractères de Théophraste traduits du grec : avec les Caractères ou les Mœurs de ce siècle. Neuvième édition. *La Haye, Adrian Moetjens, 1696;* in-12, veau.   15 fr.

> Rare contrefaçon avec clef, publiée sous la rubrique de la Haye, mais qui a dû être imprimée en France et peut-être bien à Lyon.

1621. **La Chenaye-Desbois** et **Badier**. Dictionnaire de la Noblesse, contenant les généalogies, l'histoire et la chronologie des familles nobles de la France, l'explication de leurs armes et l'état des grandes terres du royaume, etc. Troisième édition, entièrement refondue, réimprimée conformément au texte des auteurs. *Paris, Schlesinger, 1863-1876;* 19 vol. in-4 en 39 fascicules brochés.   275 fr.

> Rare.

1622. **Lacroix** (Paul). Curiosités des Sciences occultes par P.-L. Jacob, bibliophile. *Paris, Ad. Delahays, 1862;* in-12, br.   4 fr.

> PAPIER VERGÉ.

1623. **La Croix du Maine**. Les Bibliothèques françoises de La Croix du Maine et de du Verdier, sieur de Vauprivas. Nouvelle édition par Rigoley de Juvigny. *Paris, Saillant et Nyon, 1772-1773;* 6 vol. in-4, demi-rel. dos et coins de mar. brun, tête dor., *non rognés*. (*R. Petit*).   80 fr.

> Bel exemplaire. — Cachet.

1624. **Lafarge** (Mᵐᵉ). Heures de prison, par Mᵐᵉ Lafarge, née Marie Capelle. *Paris, libr. nouvelle,* in-12, br.   3 fr.

> Ouvrage publié par M. Collard, grand-oncle de Mme Lafarge.

1625. **La Faye** (J.-B. de). État des royaumes de Barbarie, Tripoly, Tunis et Alger, contenant l'histoire naturelle et politique de ces païs. La manière dont les Turcs y traitent les esclaves. Comme on les rachète. Et diverses peintures curieuses. Avec la Tradition de l'Eglise, pour le rachat ou le soulagement des captifs. (Par le P. J.-B. de La Faye, mathurin). *Rouen, Guill. Behourt, 1703;* in-12, front., veau.   15 fr.

1626. La Fizelière, Champfleury et Henriet. La Vie et l'œuvre de Chintreuil. *Paris, Cadart,* 1874 ; pet. in-fol., br.   18 fr.

40 eaux-fortes par *Martial, Beauverie, Taiée, Ad. Lalauze, Saffray.* Tiré à 250 exemplaires et publié à 35 fr.

1627. Lafont d'Aussonne. Mémoires secrets et universels des malheurs et de la mort de la Reine de France (Marie-Antoinette). *Paris, Philippe,* 1836 ; 2 vol. in-8, front., brochés.   6 fr.

1628. La Fontaine. Contes et nouvelles en vers par Jean de la Fontaine. *Paris, impr. de P. Didot l'aîné,* 1795 ; 2 vol. pet. in-12, mar. rouge, dos orné, comp. de fil., tabis, tr. dor. (*Bozérian*).   50 fr.

Jolie petite édition ornée du portrait de l'auteur sur les titres des volumes.

1629. La Fontaine. Fables, avec un nouveau commentaire littéraire et grammatical, par Ch. Nodier. *Paris, Alexis Eymery, impr. de P. Didot l'aîné,* 1818 ; 2 vol. in-8, cart., *non rognés.*   50 fr.

Figures de Bergeret. — Papier vélin.

1630. La Fontaine. Fables de La Fontaine, illustrées par Grandville. *Paris, Furne,* 1842-1843 ; 2 vol. in-8, demi-rel. dos et coins de mar. rouge.   20 fr.

Figures de *Grandville.*

1631. La Fontaine. Fables de La Fontaine publiées par D. Jouaust, avec une introduction par Saint-René Taillandier. *Paris, libr. des bibliophiles,* 1873; 2 vol. in-8 carré, br.   75 fr.

Un des 25 exemplaires sur PAPIER WHATMAN, orné d'un portrait de l'auteur gravé par *Flameng,* et de 12 dessins gravés à l'aquatinte sur *Whatman* et à l'eau-forte sur *Chine,* d'après *Bodmer, Brown, Daubigny, Detaille, Gérôme, Leloir, Lévy, Millet,* etc.

1632. La Fontaine. Œuvres de La Fontaine. Nouvelle édition, revue, mise en ordre, et accompagnée de notes par G.-A. Walckenaer. *Paris, Lefèvre,* 1822 ; 6 vol. in-8. — Histoire de la Vie et des ouvrages de La Fontaine, par G.-A. Walckenaer. Troisième édition. *Paris, Nepveu,* 1824. Ens. 7 vol. in-8, mar. rouge,

dos orné, encad. de fil., tr. dor. (*Capé*).   300 fr.

Bel exemplaire illustré d'un portrait de La Fontaine et de 25 figures de *Moreau le jeune,* tirés AVANT LA LETTRE, auxquels on a ajouté la suite du frontispice et des 120 figures de *Grandville,* gravées sur bois et tirées sur Chine appliqué.

1633. Laforge (Édouard). De la Peinture et des peintres des duchés italiens du XIIIe au XVIIe siècle. *Lyon, impr. de Louis Perrin,* 1857; in-8, br.   8 fr.

Cet ouvrage, tiré à petit nombre, n'a pas été mis dans le commerce.

1634. Lagadeuc (Jehan). Le Catholicon de Jehan Lagadeuc. Dictionnaire breton, français et latin, publié par R.-F. Le Men. Imprimé à Tréguier, chez Jehan Calvez, en 1499. *Lorient, Corfmat, s. d.* (1868) ; in-8, br.   6 fr.

Tiré à 300 exemplaires.

1635. La Grange (Charles Varlet de). Archives de la Comédie-française. Registre de La Grange (1658-1685), précédé d'une notice biographique. Publié par les soins de la Comédie-française. Janvier 1876. *Paris, Claye* (1876) ; pet. in-fol., br.   30 fr.

Ouvrage des plus important pour l'histoire de Molière et de sa troupe.

1636. Lagrange (Léon). La Peinture et la Sculpture au Salon de 1861. Avec un appendice sur la gravure, la lithographie et la photographie par Philippe Burty. *Paris, Gazette des Beaux-Arts,* 1861 ; gr. in-8, demi-rel. veau fauve. 4 fr.

Gravures sur bois en taille-douce et eaux-fortes.

1637. La Grange-Chancel. Les Philippiques, odes ; avec des notes historiques, critiques et littéraires. *Paris,* 1795 ; in-12, mar. rouge, fil., tr. dor. (*Bozérian*).   10 fr.

1638. Lainé. Archives généalogiques et historiques de la Noblesse de France, publiées par M. Lainé. *Paris,* 1828-1850 ; 11 vol. in-8, demi-rel. chagr. brun.   280 fr.

Ouvrage très rare, complétant le La Chesnaye-Desbois, et renfermant de nombreux blasons gravés en taille-douce. Bel exemplaire.

1639. Lamartine. Jocelyn. Épisode. Journal trouvé chez un curé de village. *Paris, Pagnerre, Hachette, Furne,* 1861 ; in-16, mar. bleu, dos orné, fil., tabis, tr. dor. (*R. Petit*).   20 fr.

Charmante édition d'une exécution typographique parfaite.

1640. Lanté. Costumes de divers pays, gravés par Gatine, d'après Lanté. *S. l. n. d. ;* pet. in-fol., pl., cart.   180 fr.

Suite rare de 78 planches coloriées de costumes de femmes.

1641. Larchey (Lorédan). Les Excentricités du langage. Quatrième édition. *Paris, Dentu,* 1862; in-18, demi-rel. dos et coins de mar. brun, tr. marbr.   3 fr.

1642. La Rocheterie (Maxime de). Histoire de Marie-Antoinette. *Paris, Perrin,* 1890 ; 2 vol. in-8, port., br.   10 fr.

1643. La Rue (Gerv. de). Essais historiques sur les Bardes, les jongleurs et les trouvères normands et anglo-normands, suivis de pièces de Malherbe, qu'on ne trouve dans aucune édition de ses œuvres, par M. l'abbé de La Rue. *Caen, Mancel,* 1834 ; 3 vol. gr. in-8, mar. vert, dos orné, fil., tr. dor. (*Bauzonnet*).   100 fr.

Très bel exemplaire en GRAND PAPIER VÉLIN, dans une excellente reliure de Bauzonnet.

1644. Las Cases (Comte de). Mémorial de Sainte-Hélène, ou Journal où se trouve consigné, jour par jour, ce qu'a dit et fait Napoléon durant dix-huit mois. *Paris, l'auteur,* 1823 ; 8 vol. in-8, cart., *non rognés.*   50 fr.

ÉDITION ORIGINALE.

1645. Lasserre (Henri). Notre-Dame de Lourdes. *Paris,* 1877 ; gr. in-8, demi-rel. chagrin rouge, plats toile, tr. dor. (*Rel. de l'éditeur*).   18 fr.

Édition illustrée d'encadrements variés à chaque page et de chromolithographies. scènes. portraits, vues à vol d'oiseau, cartes et paysages.

1646. Laurent de l'Ardèche. Histoire de l'empereur Napoléon. *Paris, Dubochet,* 1839 ; gr. in-8, cart.   8 fr.

Illustrations par *Horace Vernet.*

1647. Lauzun (Armand-Louis de Gontaut, duc de). Mémoires de M. le duc de Lauzun. Seconde édition. *Paris, Barrois,* 1822 ; 2 vol. pet. in-12, br.   7 fr.

Jolie petite édition tirée sur PAPIER VÉLIN de ces mémoires dirigés contre la reine Marie-Antoinette.

1648. Lavallée (Théophile). Histoire de Paris depuis le temps des Gaulois jusqu'en 1850. *Paris, Hetzel,* 1852 ; gr. in-8, demi-rel. chagrin rouge, plats toile, tr. dor. 8 fr.

Vignettes sur bois par *Champin.*

1649. Lavallée. Histoire des Français depuis le temps des Gaulois jusqu'en 1848, par Théophile Lavallée. *Paris, Charpentier,* 1861-1864; 6 vol. in-8, demi-rel. chagrin bleu, tête dor., *non rognés.* 40 fr.

Bel exemplaire d'un ouvrage épuisé.

1650. La Vallière (Duchesse de). Réflexions sur la Miséricorde de Dieu par une dame pénitente. Nouvelle édition augmentée. *Paris, Ant. Dezallier,* 1712 ; in-12, veau.   10 fr.

Cette édition est suivie du « Récit abrégé de la vie pénitente de Mme la duchesse de la Vallière » qui paraît ici pour la première fois.

1651. La Villemarqué. Barzas-Breiz. Chants populaires de la Bretagne. *Paris, Delloye,* 1839; 2 vol. in-8, demi-rel. basane verte. 15 fr.

Ouvrage rare. Musique de mélodies bretonnes.

1652. Lavisse (Ernest). Le Grand Frédéric avant l'avènement. *Paris, Hachette,* 1893 ; in-8, br.   4 fr.

1653. Lecanu (l'abbé). Histoire de diocese de Coutances et Avranches depuis les temps les plus reculés jusqu'à nos jours, suivie des actes des Saints. *Coutances,* 1877-1878 ; 2 vol. in-4, br.   12 fr.

1654. Leclerc et **Renan.** Histoire littéraire de la France au XIVe siècle. Discours sur l'état des Beaux-Arts par Ernest Renan. *Paris, Michel Lévy,* 1865 ; 2 vol. in-8, br.   10 fr.

1655. Lecoy de la Marche. Saint Martin, par A. Lecoy de la Marche. *Tours, Alfr. Mame,* 1881 ; in-4, front. et pl., mar. rouge jans., tr. dor. (*David*).   90 fr.

Un des 200 exemplaires sur PAPIER

Achat de Bibliothèques

VERGÉ. Très belles illustrations en noir et en chromolithographie, tirées sur papier de Chine.

1656. Le Févre. Chronique de Jean le Févre, seigneur de Saint-Remy, publiée par François Morand. *Paris, Loones*, 1876-1881 ; 2 vol. in-8, cart.   12 fr.

De la collection de la *Société de l'Histoire de France*.

1657. Le Févre de la Boderie (Guy). L'Encyclie des secrets de l'Éternité. *Anvers, Christofle Plantin, s. d.* (1570) ; in-4, mar. Lavallière jans., tr. dor. (*Capé*). 120 fr.

Bel exemplaire d'un livre fort rare.

1658. Le Gonidec. Dictionnaire français-breton, enrichi d'additions et d'un essai sur l'histoire de la langue bretonne par Th. Hersart de la Villemarqué. *Saint-Brieuc*, 1847 ; in-4, veau racine, dos orné, tête dor., *non rogné*.   25 fr.

1659. Le Gonidec. Grammaire Celto-Bretonne. Nouvelle édition. *Paris, Delloye*, 1838 ; in-8, br.   6 fr.

1660. Le Grand d'Aussy. Histoire de la vie privée des François depuis l'origine de la nation jusqu'à nos jours ; avec des notes, corrections et additions par J. B. B. de Roquefort. *Paris, Laurent-Beaupré*, 1815. — Sépultures nationales et particulièrement de celles des Rois de France. *Paris, Esneaux*, 1824 ; 4 vol. in-8, demi-rel. veau, *non rognés*.   20 fr.

1661. Lejeune (Général Baron). Sièges de Saragosse. Histoire et peinture des événements qui ont eu lieu dans cette ville ouverte pendant les deux sièges qu'elle a soutenus en 1808 et 1809. *Paris, Firmin Didot*, 1840 ; in-8, br., couv. 10 fr.

Exemplaire non coupé.

1662. Le Laboureur (Jean). Histoire du mareschal de Guébriant, contenant le récit de tout ce qui s'est passé en Allemagne dans les guerres des couronnes de France et de Suède et des estats alliez contre la maison d'Autriche. Avec l'histoire généalogique de la maison du mesme mareschal. *Paris, Pierre L'Amy*, 1657 in-fol., front., veau brun.   40 fr.

Beau portrait par *Nanteuil*. Blasons gravés sur bois des alliances de la famille de Bude de Guébriant. A la suite on a relié : Oraison funèbre du maréchal de Guébriant, par Nicolas Grillié, év. d'Uzez. *Paris*, 1656.

1663. Lemaire (Henri). Vie impartiale du général Moreau. *Paris, P. Blanchard*, 1814 ; in-12, br. 10 fr.

Titre gravé avec portrait de Moreau.

1664. Lemaitre (Jules). L'Age difficile, comédie en trois actes. *Paris, Calmann Lévy*, 1895 ; in-12, br. 3 fr.

ÉDITION ORIGINALE.

1665. Lemau de la Jaisse. Plans des principales places de guerre et villes maritimes frontières du royaume de France. *Paris, Didot*, 1736 ; pet. in-8, veau.   15 fr.

112 plans de places-fortes avec leurs armoiries gravées.

1666. Lemière (P.-L.). Etude sur les Celtes et les Gaulois et recherches des peuples anciens appartenant à la race celtique ou à celle des Scythes. *Paris, Maisonneuve*, 1881 ; in-8, br.   6 fr.

1667. Lemoyne (André). Œuvres de André Lemoyne. *Paris, Alphonse Lemerre*, 1871-1886 ; 4 vol. pet. in-12, port., br.   40 fr.

Poésies, 3 vol. — Une Idylle normande ; le Moulin des Prés ; Alise d'Évran.

L'un des 20 exemplaires sur PAPIER DE CHINE.

1668. Lenglet du Fresnoy. Traité historique et dogmatique du secret inviolable de la Confession. *Imprimé à Lille. Paris, Jean Musier*, 1708 ; pet. in-8, veau brun (*Rel. anc.*) 15 fr.

Ouvrage rare avec l'*Addition au traité du secret inviolable de la Confession. Paris*, 1708.

1669. Le Petit (Jules). Bibliographie des principales Editions originales d'écrivains français, du XVe au XVIIIe siècle. *Paris, Quantin*, 1888 ; gr. in-8, br.   15 fr.

Ouvrage contenant environ 300 fac-similés de titres de livres décrits par l'auteur.

1670. Le Roux de Lincy. Recherches sur Jean Grolier. *Paris, Potier*, 1866 ; gr. in-8 et atlas, br. 12 fr.

Ouvrage le plus complet qui ait été publié sur le célèbre bibliophile lyonnais. Planches en couleur.

1671. Le Roy (Albert). Le Gallicanisme au XVIIIe siècle. La France et Rome de 1700 à 1715. Histoire diplomatique de la bulle Unigenitus jusqu'à la mort de Louis XIV d'après des documents inédits. *Paris, Perrin,* 1892 ; in-8, br. 5 fr.

1672. **Le Roy** (Jacques). Le Grand Théâtre profane du Brabant-Wallon, contenant la description générale et abregée de ce Païs, la description des villes, villages, chateaux et maisons seigneuriales, avec la suite des seigneurs qui les ont possédées. *La Haye, Chrétien van Lom,* 1730 ; pet. in-fol., carte, demi-rel. bas. 5 fr.

1673. **Leroy** (Louis). Les Pensionnaires du Louvre. Dessins de Paul Renouard. *Paris, Rouam,* 1880 ; in-4, br. 5 fr.

1674. **Le Roy de Sainte-Croix**. L'Alsace en fête ou histoire et description des fêtes, cérémonies, solennités, réjouissances, réunions, associations et sociétés religieuses, civiles, miltaires de l'Alsace. *Strasbourg et Paris, Hagemann,* 1880 ; in-4, br. 8 fr.

1675. **Le Sage.** Le Diable boiteux, précédé d'une notice sur Le Sage, par M. J. Janin. *Paris, Ernest Bourdin,* 1845 ; in-8, demi-rel. chagrin rouge, tête jaspée, *non rogné.* 20 fr.

 Edition illustrée par *Tony Johannot* d'un frontispice sur Chine et de 110 vignettes dans le texte gravées sur bois.

1676. **Le Sage.** Histoire de Gil Blas de Santillane, par Le Sage. Edition ornée de figures en taille-douce, gravées par les meilleurs artistes de Paris. *Paris, imp. de Didot jeune, an III* (1795) ; 4 vol. in-8, fig., demi-rel. veau. 25 fr.

 100 jolies figures par *Bornet, Charpentier* et *Duplessi-Bertaux.*

1677. **Le Sage.** Histoire de Gil Blas de Santillane. Vignettes par Jean Gigoux. *Paris, Paulin,* 1835 ; in-8, demi-rel., tr. marbr. 10 fr.

 PREMIER TIRAGE des 600 vignettes gravées sur bois par Brevière, Godard, Lavoignat, Maurisset, etc.
 Taches de rousseur et reliure défectueuse.

1678. **Le Sage.** Histoire de Gil Blas de Santillane. *Paris, Alph. Lemerre,* 1877-1878 ; 4 vol. pet. in-12, front., demi-rel. dos et coins de

mar. brun, dos orné, tr. rouge (*Amand*). 20 fr.

 PAPIER VERGÉ.

1679. **Le Sage.** Œuvres choisies avec figures. *Paris. impr. de Le Blanc,* 1810 ; 16 vol. in-8, demi-rel. dos et coins de chagr. vert, *non rognés.* 35 fr.

 Portrait et figures de *Marillier.*

1680. **Lescure** (M. de). Jeanne d'Arc, l'héroïne de la France. *Paris, Ducrocq, s. d.* (1866); gr. in-8, demi-rel. chagr. rouge, plats toile, tr. dor. 8 fr.

 12 belles gravures dessinées et gravées à l'eau-forte par *Léopold Flameng.* — Publié à 15 fr.

1681. **Lescure** (M. de). Marie-Antoinette et sa famille. Quatrième édition. *Paris, Ducrocq,* 1879 ; gr. in-8, br. 10 fr.

 70 compositions de *Delort, du Paty, Gerlier, Monginot, Scott* et *Tofani* gravées sur bois par *Méaulle.*

1682. **Lescure** (M. de). Marie Stuart. *Paris, Ducrocq,* 1871 ; gr. in-8, br. 12 fr.

 10 compositions par *Carolus Duran* gravées à l'eau-forte par *Bracquemond* et *Rajon.*

1683. **Lesné**. La Reliure, poème didactique en six chants, par Lesné, relieur à Paris. Seconde édition. *Paris, l'auteur et Jules Renouard,* 1827 ; in-8, cart., *non rogné.* 20 fr.

 Édition tirée à 125 exemplaires numérotés sur GRAND PAPIER RAISIN VÉLIN.

1684. **L'Estoile**. Mémoires-journaux de Pierre de l'Estoile. Édition complète et entièrement conforme aux manuscrits originaux, publiée avec de nombreux documents inédits et un commentaire historique, biographique et bibliographique, par Brunet, Champollion, P. Lacroix, Tamisey de Larroque, etc. *Paris, Jouaust,* 1875-1883 ; 11 vol. in-8, br. 60 fr.

 Exemplaire sur papier vergé des Vosges.

1685. **Lettres** de Noblesse accordées aux Artistes français (XVIIe et XVIIIe siècles), suivies de la liste des artistes nommés chevaliers de l'ordre de Saint-Michel. *Paris, Dumoulin,* 1873 ; in-8, cart. 6 fr.

 L'un des 50 exemplaires, extrait de la Revue historique et nobiliaire.

1686. **Levasseur** (R.). Mémoires de R. Levasseur (de la Sarthe), ex-conventionnel. *Paris, Rapilly,* 1829-1831 ; 4 vol. in-8, portr., cart., *non rogné.*　　40 fr.

1687. **Levasseur** (R.). Mémoires de R. Levasseur (de la Sarthe), ex-conventionnel. *Paris, Rapilly,* 1829 ; 2 vol. in-8, portr., br.　6 fr.

Les 2 premiers volumes seuls de ces mémoires apologétiques de la Convention.

1688. **Le Verrier de la Conterie.** Venerie normande, ou l'Ecole de la chasse aux chiens courants, pour le lièvre, le chevreuil, le cerf, le daim, le sanglier, le loup, le renard et la loutre. Avec les tons de chasse. *Rouen, Laurent Dumesnil,* 1778 ; in-8, pl., br.　40 fr.

Deuxième édition plus ample que la précédente.

1689. **Le Vieil.** L'Art de la Peinture sur verre et de la vitrerie, par feu M. le Vieil. (*Paris*), 1774 ; in-fol., pl., bas.　　10 fr.

Volume extrait de l'Encyclopédie.

1690. **Le Vieil.** Art de la Peinture sur verre et de la vitrerie par feu M. le Vieil. *S. l. n. d.* (*Genève,* 1779) ; in-4, demi-rel. chag. rouge, tr. marbr.　　8 fr.

Tome XIII de l'Encyclopédie de Diderot.

1691. **Lévis.** Souvenirs et portraits, 1780-1789, par M. de Lévis. *Paris, Fr. Buisson,* 1813 ; in-8, br.　4 fr.

1692. **Lévy** (Edmond). Histoire de la Peinture sur verre en Europe et particulièrement en Belgique par Edmond Lévy, avec planches par J.-B. Capronnier. *Bruxelles, Tircher,* 1860 ; gr. in-4, demi-rel. dos et coins de mar. rouge, tête dor., *non rogné.*　　25 fr.

35 planches en noir et en chromolithographie. — Bel exemplaire.

1693. **Liger** (Louis). Amusemens de la campagne, ou nouvelles ruses innocentes, qui enseignent la manière de prendre aux pièges toutes sortes d'oiseaux et de bêtes à quatre pieds ; avec les plus beaux secrets de la pêche dans les rivières et étangs, et un traité général de toutes les chasses. *Paris, Savoye,* 1753 ; 2 vol. in-12, veau.　12 fr.

Nombreuses figures d'engins de chasse et de pêche.

1694. **Liger** (Louis). ŒCONOMIE GÉNÉRALE de la campagne, ou nouvelle maison rustique. *Paris, Ch. de Sercy,* 1700 ; 2 vol. in-4, mar. rouge, dos orné, double rangée de fil., tr. dor. (*Rel. anc.*)　500 fr.

Exemplaire de dédicace aux armes de Jules Hardouin MANSARD, surintendant général des bâtiments du roi. Provenance très rare.

1695. **Liger.** Campagne des français pendant la Révolution. Ouvrage entrepris pour fixer sur la guerre que nous soutenons depuis six ans. *Blois, Billault,* 1798 ; 2 tomes en un vol. in-8, bas.　　8 fr.

1696. **Ligne** (Prince de). Mémoires et mélanges historiques et littéraires, par le prince de Ligne. *Paris, A. Dupont,* 1827-1829 ; 5 vol. in-8, portr., demi-rel. basane. 20 fr.

1697. **Littré** (E.). De l'Établissement de la troisième République. *Paris,* 1880 ; in-8, br.　　3 fr.

1698. **Livre rouge.** Premier [deuxième et troisième]. Registre des dépenses secrètes de la Cour, connu sous le nom de Livre rouge, apporté par les députés des corps administratifs de Versailles le 28 février 1793. *Paris, Impr. Nationale,* 1793 ; 3 parties en un vol. in-8, demi-rel. bas.　　10 fr.

1699. **Lombard de Langres.** Mémoires anecdotiques pour servir à l'histoire de la Révolution française ; par Lombard de Langres, ancien ambassadeur en Hollande. *Paris, Ladvocat,* 1823 ; 2 vol. in-8, cart., *non rognés.*　　10 fr.

1700. **Loir** (Maurice). La Marine française. Illustrations de L. Couturier et F. Montenard. *Paris, Hachette,* 1893 ; in-4, br.　18 fr.

Cet ouvrage donne l'histoire de la Marine depuis les temps les plus anciens jusqu'à nos jours.

1701. **Longus.** Les Amours pastorales de Daphnis et de Chloé, traduites du grec de Longus par Amyot. *Paris, impr. de P. Didot l'aîné, an VIII,* 1800 ; in-4, cart., *non rogné.*　　80 fr.

PAPIER VÉLIN. 9 belles figures AVANT LA LETTRE de *Prudhon* et *Gérard,* gravées par *Godefroy, Marais, Massard* et *Roger.*
Bel exemplaire.

Et de Livres anciens et modernes

1702. Longus. Les Pastorales de Longus ou Daphnis et de Chloé, traduction de Messire Jacques Amyot, revue, corrigée, complétée, de nouveau refaite en grande partie par Paul-Louis Courier. Cinquième édition. *Paris, Alex. Corréard,* 1821 ; in-8, demi-rel. dos et coins de chag. bleu, tête dor., *non rogné.* 8 fr.

1703. Longus. Daphnis et Chloé, ou les pastorales de Longus, traduites du grec par J. Amyot. Nouvelle édition. *Paris, Leclère,* 1863 ; in-8, fig., demi-rel. mar. rouge, dos orné, tête dor., éb. 20 fr.

En-tête de *Eisen* et de *Wille,* gravés par *de Longueil,* reproduisant ceux qui illustrent les Sens de du Rosoy.
On a ajouté à cet exemplaire la réduction des 8 figures de *Prud'hon* et de *Gérard.*

1704. Lorentz (Otto). Catalogue général de la Librairie française. *Paris, Lorentz,* 1867-1892 ; 11 vol. in-8, br. 250 fr.

Première partie. 1840-1865, 4 vol. — Deuxième partie. 1866-1875, 2 vol. — Troisième partie. Table des 6 premiers volumes, 2 vol. — Quatrième partie, 1876-1885, 2 vol. — Cinquième partie (*Manque*), table des tomes IX et X. — Sixième partie, 1886-1890.

1705. Loth (Arthur). Saint Vincent de Paul et sa mission sociale. Introduction par L. Veuillot. *Paris, Dumoulin,* 1880 ; in-4, demi-rel. dos et coins de mar. rouge, tête dor., *non rogné.* 30 fr.

Exemplaire sur PAPIER VÉLIN DE CUVE. Chromolithographies hors texte et nombreuses figures dans le texte et hors texte.

1706. Loti (Pierre). Madame Chrysantème. *Paris, Calmann Lévy,* 1888 ; in-8, br. 30 fr.

Exemplaire sur PAPIER DU JAPON.

1707. Lottin de Laval. Les Galanteries du maréchal de Bassompierre. *Paris, Horlet et Ozanne,* 1839 ; 4 vol. in-8, port., demi-rel. dos et coins de peau de truie, tête dor., *non rognés.* 15 fr.

1708. Louisy (P.). Le Livre et les arts qui s'y rattachent depuis les origines jusqu'à la fin du XVIIIe siècle. *Paris, Firmin Didot,* 1886 ; in-8, br. 4 fr.

Ouvrage illustré de 221 gravures et d'une planche en couleur.

1709. Louvet de Couvray. Les Amours du chevalier de Faublas, par Louvet de Couvray. Nouvelle édition. *Paris, Tardieu,* 1821 ; 4 vol. in-8, fig., veau, dos orné. 35 fr.

8 figures de *Collin.*

1710. Lucas (H.). Histoire naturelle des Lépidptères d'Europe [et des Lépidoptères exotiques]. *Paris, Pauquet,* 1834-1835 ; 2 vol. in-8, demi-rel. chagrin bleu. 45 fr.

160 planches contenant environ 600 figures en couleurs, gravées sur acier d'après *Noël* et *Pauquet.*

1711. Lucanus. *Parisiis, apud Simonem Colinæum,* 1543 ; in-16, veau brun. 40 fr.

Jolie petite édition très correcte et rare, imprimée en caractères italiques. Le titre est entouré d'un élégant encadrement.
Les plats de la reliure portent le dauphin couronné, emblème du futur roi Henri II.

1712. Lucrèce. Di Lucrezio Caro, della Natura delle cose, libri sei. Tradotti dal latino in italiano da Alessandro Marchetti. *In Amsterdamo (Paris),* 1754 ; 2 vol. gr. in-8, fig., veau marbré, dos orné, fil., tr. dor. (*Rel. anc.*). 75 fr.

Fort belles illustrations par *Eisen, Cochin, Le Lorrain* et *Vassé.*

1713. Luthmer (Ferdinand). Joaillerie de la Renaissance, d'après des originaux et des tableaux du XVe au XVIIe siècle. *Paris, Quantin* ; petit. in-fol., *en feuilles* dans un carton. 40 fr.

Album contenant un texte illustré de gravures et 30 planches hors texte en taille-douce et en chromolithographie, reproduisant plus de 150 sujets. Publié à 100 fr.

1714. Lyon. Description de la ville de Lyon ; avec des recherches sur les hommes célèbres qu'elle a produits (par Paul Rivière de Brinais). *Lyon, impr. d'Aimé Delaroche,* 1741 ; pet. in-8, bas. 8 fr.

Aux armes de la ville d'AVIGNON.

1715. Macaulay. Bertrand Barère, traduit de l'anglais par Edouard Gibert. *Paris, Dentu,* 1888 ; in-8, br. 3 fr.

1716. Macdonald. Souvenirs du maréchal Macdonald, duc de Tarente. Avec une introduction par M. Camille Rousset. *Paris, Plon et Nourrit,* 1892 ; in-8, br. 4 fr.

Portraits d'après *David* et *Gérard.*

Achat de Bibliothèques

1717. **Magnin** (Charles). Histoire des Marionnettes en Europe depuis l'antiquité jusqu'à nos jours. *Paris, Michel Lévy*, 1852 ; in-8, demi-rel. chagrin rouge, tête dor., *non rogné*.   12 fr.

1718. **Magny**, Les Amours d'Olivier de Magny. Réimpression textuelle de l'édition de 1553, faite par les soins de M. P. Blanchemain. *Turin, Gay*, 1870 ; in-8, demi-rel. dos et coins de chagrin brun, tête dor., *non rogné*.   10 fr.

Exemplaire sur PAPIER DE CHINE, avec un frontispice de *Rops* à l'eau-forte, tiré sur Japon, ajouté.

1719. **Magny**. Les Gayetez, les Souspirs et les Amours d'Olivier de Magny. Réimpression textuelle de l'édition de 1554 [1557 et 1558], par M. Prosper Blanchemain. *Turin, Gay*, 1869-1870 ; 3 tomes en 1 vol. in-8, demi-rel. dos et coins de mar. brun, dos orné à froid, tête dor., *non rogné (Champs)*.   30 fr.

Ces trois ouvrages n'ont été tirés chacun qu'à 100 exemplaires sur PAPIER VÉLIN.

1720. **Magny** (Olivier de). LES ODES d'Olivier de Magny, de Cahors en Quercy. *Paris, André Wechel*, 1559 ; in-8 de 192 ff. ch., mar. rouge, dos orné, fil. à fr., tr. dor. *(Bauzonnet-Trautz)*.   600 fr.

ÉDITION ORIGINALE, très rare.
Exemplaire grand de marges. — Haut. : 162 mill.

1721. **Mahérault**. L'Œuvre de Moreau le Jeune. Catalogue raisonné et descriptif avec notes iconographiques et bibliographiques. *Paris, Labitte*, 1880 ; in-8, br.   16 fr.

Portrait de l'auteur par *Le Rat*.

1722. **Malcrais de la Vigne**. Poésies. *Paris, Vᵉ Pissot*, 1735 ; in-12, veau.   10 fr.

Desforges-Maillard est le véritable auteur de ces poésies. Tous les poètes du temps furent pris à la mystification. Voltaire lui-même n'y échappa pas ; on connaît l'épître qu'il adressa à la divine Malcrais : Toi dont la voix brillante..., etc.

1723. **Malherbe**. Œuvres recueillies et annotées par M. L. Lalanne. *Paris, Hachette et Cⁱᵉ*, 1862-1869 ; 5 vol. in-8 et album, demi-rel. dos et coins de mar. vert, tête dor., *non rognés. (Closs)*.   80 fr.

De la Collection des grands écrivains de France. — Exemplaire en GRAND PAPIER.

1724. **Malingre** (Claude). Les Antiquitez de la Ville de Paris contenans la recherche nouvelle des fondations et établissements des Eglises, Chapelles, monastères, hospitaux, hostels, maisons remarquables, fontaines, regards, quais, ponts et autres ouvrages curieux ; la chronologie des premiers présidents, advocats et procureurs généraux du Parlement, Prevosts, gardes de la prévosté de Paris. Prevosts des marchands, etc. *Paris, Pierre Rocolet*, 1640 ; in-fol., fig., veau. 35 fr.

Cet ouvrage n'est autre qu'une troisième édition du *Théâtre des Antiquités de Paris* de Du Breul, avec des additions et annotations de Cl. Malingre.
Ces annotations portent surtout sur les travaux exécutés à Paris pendant la régence de Marie de Médicis et sous le règne de Louis XIII.
Exemplaire aux armes de G. JOLY, baron de Blaisy, président au parlement de Bourgogne.

1725. **Malouet**. Mémoires publiés par son petit-fils le baron Malouet. Deuxième édition augmentée de lettres inédites. *Paris, E. Plon*, 1874 ; 2 vol. in-8, port., br.   8 fr.

1726. **Mantz** (Paul). Les Chefs-d'Œuvre de la Peinture italienne. *Paris, Firmin-Didot*, 1870 ; in-fol., cart. toile *(Rel. de l'édit.)* 35 fr.

Ouvrage contenant 20 planches chromolithographiques exécutés par *F. Keilerhoven*. 30 planches sur bois et 40 culs-de-lampe et lettres ornées.

1727. **Mantz** (Paul). François Boucher, Lemoyne et Natoire. *Paris, Quantin*, 1880 ; in-fol., demi-rel. dos et coins de mar., tête dor. éb. 55 fr.

Portrait, planches hors texte et figures dans le texte.

1728. **Mantz** (Paul). Hans Holbein. Dessins et gravures, sous la direction de M. E. Lièvre. *Paris, A. Quantin*, 1879 ; in-fol., *en feuilles* dans le cartonnage de l'éditeur.   75 fr.

Exemplaire sur PAPIER DE HOLLANDE. contenant 28 gravures hors texte et 49 planches avec plus de 300 sujets.

1729. **Manuel** (Pierre). La Police de Paris dévoilée. *Paris, Garnery*, 1790 ; 2 vol. in-8, demi-rel. veau.   10 fr.

Joli frontispice non signé.

1730. **Manuscrit**. Recueil manuscrit de Chants royaux, de Ballades et de Rondeaux, proposés au concours du Puy de Rouen, le 14 décembre 1522, sous la présidence de Guillaume la Visille, sieur de Montigny, prince du Puy; in-fol., bas., tr. dor. et ciselée (*Rel. anc.*) 250 fr.

Précieux et curieux manuscrit sur papier composé de 100 feuillets d'une bonne écriture du XVIe siècle. Le volume débute par un avis du prince du Puy invitant les poëtes de Rouen, de Caen et autres lieux de Normandie à célébrer en vers latins et français l'Immaculée Conception de la Mère de Dieu. Le reste est consacré aux pièces envoyées; on y remarque les noms de Jacques le Lyeur, sieur de Brametot qui fut lauréat du concours, de Marot, d'Auger, de Turbot, de Desbaux, de Crétin, etc.

1731. **Marais** (Mathieu). Journal et mémoires de Mathieu Marais, avocat au parlement de Paris, sur la Régence et le règne de Louis XV (1715-1737). Publiés par M. de Lescure. *Paris, Firmin Didot*, 1863-1868; 4 vol. in-8, demi-rel. chagr. 16 fr.

1732. **Marguerite de Valois.** L'Heptameron des nouvelles de Marguerite d'Angoulême, reine de Navarre. Nouvelle édition publiée sur les manuscrits. *Paris, Société des Bibliophiles françois*, 1853-1854 ; 3 vol. in-8, portr., demi-rel. dos et coins de mar. vert, tète dor., *non rognés (Capé).* 70 fr.

Bonne édition ornée d'un portrait sur *Chine.*

1733. **Marguerite de Valois.** L'Heptaméron des Nouvelles de Marguerite d'Angoulême, reine de Navarre, publié sur les manuscrits par les soins et avec les notes de MM. Le Roux de Lincy et Anatole de Montaiglon. *Paris, Aug. Eudes,* 1880 ; 4 vol. in-8, front., portr. et fig. br. 75 fr.

Figures de *Freudenberg.*

1734. **Marie-Antoinette.** Essai historique sur la vie de Marie-Antoinette, reine de France et de Navarre, orné de son portrait et rédigé sur plusieurs manuscrits de sa main. Seconde partie. *Versailles, chez la Montensier*, 1790 ; in-8, br. 15 fr.

Un des violents pamphlets dirigés contre l'honneur de la reine.

1735. **Marie-Antoinette.** Essai historique sur la vie de Marie-Antoinette d'Autriche, reine de France. *S. l. n. d.*; in-8, br. 15 fr.

Pamphlet violent de 114 pages dirigé contre les mœurs de la reine. Très rare.

1736. **Marie-Antoinette.** Histoire de Marie-Antoinette-Josèphe-Jeanne de Lorraine, archiduchesse d'Autriche, reine de France, par l'auteur de l'éloge de Louis XVI (Montjoie). *Paris, Perronneau,* 1797 ; in-8, portr., cart. 20 fr.

Portrait de la reine.

1737. **Marie-Antoinette.** Livres du boudoir de la reine Marie-Antoinette. Catalogue authentique et original publié pour la première fois par Louis Lacour. *Paris, Gay,* 1862 ; in-12, br., couv. 15 fr.

La publication de cet intéressant catalogue donna lieu à un procès retentissant intenté par l'administration de la bibliothèque impériale. Le jugement qui intervint fixa un point de droit de la propriété littéraire des établissements publics.

1738. **Marie-Antoinette,** Louis XVI et la famille royale. Journal anecdotique tiré des Mémoires secrets pour servir à l'histoire de la république des lettres (par Ludovic Lalanne). Mars 1763-février 1782. *Paris, Fréd. Henry, s. d.*; in-12, br. 5 fr.

1739. **Marie-Antoinette.** Vie de Marie-Antoinette-Josèphe-Jeanne de Lorraine, archiduchesse d'Autriche, reine de France et de Navarre (par Fr. Barbié de Bercenay). *Paris, Capelle,* 1802 ; 3 vol., port. — Marie-Antoinette à la Conciergerie, fragment historique par le comte Fr. de Robiano. *Paris, Baudouin,* 1824 ; 1 vol., front. Ens. 4 tomes en un vol. in-12, demi-rel. bas. 20 fr.

Le premier ouvrage serait en réalité, d'après Beuchot, de Sulpice de la Platière et de Capelle.

1740. **Marie-Antoinette.** Vie de Marie-Antoinette archiduchesse d'Autriche, reine de France. — Vie de Madame Elisabeth de France. *Paris, Le Fuel, s. d.*; 2 vol. in-16, br. 8 fr.

1741. **Mariette-Bey** (Auguste). Voyage dans la Haute-Egypte. Deuxième édition avec 83 vues photographiées d'après les monuments antiques compris entre le Caire et la première cataracte. *Paris, Welter*, 1893 ; 2 vol. in-fol., *en feuilles* dans 2 cartons.   90 fr.

Belle publication.

1742. **Marillier**. Nouveaux Trophées ou cartouches représentant les arts et les sciences, composés avec les attributs qui les caractérisent. *Paris, s. d.* ; in-fol., cart. 40 fr.

Titre et 12 planches gravées.

1743. **Marionneau** (Charles). Brascassat, sa vie et son œuvre. *Paris, Vve Jules Renouard*, 1872 ; in-8, portr., br.   6 fr.

1744. **Marius-Michel**. La Reliure française depuis l'invention de l'Imprimerie jusqu'à la fin du XVIIIe siècle. *Paris, Morgand et Fatout*, 1880 ; in-4, br.   30 fr.

Excellent ouvrage sur l'histoire de l'ornementation artistique de la Reliure depuis le XVe jusqu'au XVIIIe siècle. Frontispice par *Hédouin*, et 22 planches en héliogravure. — Publié à 50 francs.

1745. **Marmontel**. Bélisaire. *Paris, Merlin*, 1767 ; in-8, veau, dos orné, tr. rouge (*Rel. anc.*). 15 fr.

Frontispice et 3 figures de *Gravelot*, gravés par *Le Vasseur, Massard, Le Veau et Masquelier*. Bel exemplaire.

1746. **Marmontel**. Contes moraux, par M. Marmontel. *Paris, Merlin*, 1765 ; 3 vol. in-8, portr. et fig., veau marbré, dos orné, fil., tr. dor. (*Rel. anc.*).   60 fr.

Portrait par *Cochin*, titre et 23 figures par *Gravelot*.

1747. **Marnay** (A.-J. de). Mémoires secrets et témoignages authentiques. Chute de Charles X ; Royauté de juillet ; 24 février 1848. *Paris, libr. des bibliophiles*, 1875 ; in-8, br.   5 fr.

A.-J. de Marnay est le pseudonyme de Charles Read.

1748. **Marot** (Clément). Les Œuvres de Clément Marot, de Cahors en Quercy, valet de chambre du Roy. Reveues et corrigés de nouveau. *Rouen, Raphaël du Petit Val*, 1607 ; pet. in-12, mar. vert, dos orné, fil., tr. dor. (*Trautz-Bauzonnet*).   50 fr.

Belle édition imprimée en lettres italiques.

1749. **Marot** (Jean). Poème inédit de Jehan Marot, publié d'après un

ms. de la bibliothèque impériale, avec une introduction et des notes par Georges Guiffrey. *Paris, Vve Renouard (Lyon, impr. L. Perrin)*, 1860 ; in-8, mar. violet, dos orné, fil., milieux, tr. dor.   20 fr.

Figures sur Chine.

1750. **Marquet de Vasselot**. Histoire des sculpteurs français ; de Charles VIII à Henri III. *Paris, Dentu*, 1888 ; pet. in-8, br.   3 fr.

Long envoi d'auteur.

1751. **Martial**. Les Épigrammes de Martial, traduites en vers français, par Constant Dubos, précédées d'un essai par Jules Janin. *Paris, J. Chapelle*, 1841 ; in-8, demi-rel. veau vert, *non rogné*.   10 fr.

1752. **Martial**. Les Boulevards de Paris. *Paris*, 1877 ; pet. in-fol., demi-rel. dos et coins de mar. rouge, tête dor., éb.   75 fr.

45 planches gravées à l'eau-forte aussi curieuses qu'intéressantes pour l'histoire de nos grands boulevards. Epreuves AVANT LA LETTRE tirées sur papier du *Japon*.

1753. **Martigny** (L'abbé). Dictionnaire des Antiquités chrétiennes, contenant le résumé de tout ce qu'il est essentiel de connaître sur les origines chrétiennes jusqu'au moyen âge exclusivement. *Paris, Hachette*, 1865, in-8, br.   7 fr.

1754. **Marvaud**. Histoire des vicomtes et de la vicomté de Limoges. *Paris, Dumoulin*, 1873 ; 2 vol. in-8, br.   8 fr.

PAPIER VERGÉ.

1755. **Mas-Latrie**. Trésor de Chronologie, d'histoire et de géographie pour l'étude et l'emploi des documents du moyen âge. *Paris, Victor Palmé*, 1889 ; in-fol., br.   60 fr.

Belle publication d'une très grande érudition.

1756. **Massa** (Nic.). Liber de morbo Gallico. noviter editus, in quo omnes modi possibiles sanandi ipsum, mira quadam et artificiosa doctrina continentur. *Venetiis, Fr. Bindoni ac Maphei Pasini*, 1536 ; in-4, vélin estampé.   60 fr.

Ouvrage fort rare dont l'existence a souvent été contestée.

1757. **Masson** (Frédéric). Napoléon chez lui. — La Journée de l'Empereur aux Tuileries. *Paris, Dentu,*

(1894) ; in-8, demi-rel. dos et coins de mar. vert, dos orné, tête dor., *non rogné.*   25 fr.

Illustrations de *Myrbach.*
Exemplaire sur PAPIER DU JAPON.

1758. **Masson** (Frédéric). Le département des Affaires étrangères pendant la Révolution. 1786-1804. *Paris, Plon,* 1887 ; in-8, br.   4 fr.

1759. **Mauléon** (Lambert de). Les Mérovingiens [Les Carlovingiens] et la France sous cette dynastie. *Paris, Egron,* 1816 ; 3 parties en 2 vol. in-8, mar. vert, dos orné, dent., tr. dor.   100 fr.

Bel exemplaire aux armes de Marie-Thérèse-Charlotte de France, duchesse d'ANGOULÊME, fille du roi Louis XVI.

1760. **Maupassant** (Guy de). Mont-Oriol. *Paris, V. Havard,* 1887 ; in-18, demi-rel. dos et coins de mar. orange, tête dor., *non rogné.* 8 fr.

ÉDITION ORIGINALE.

1761. **Maupassant.** Pierre et Jean. *Paris, Ollendorff,* 1888; in-18, demi-rel. dos et coins de mar. orange, tête dor., *non rogné.*   10 fr.

ÉDITION ORIGINALE.

1762. **Maury** (Alfred). Croyances et légendes de l'Antiquité. *Paris, Didier*; in-8, demi-rel. veau bleu. 10 fr.

Rare.

1763. **Maury** (Alfred). La Magie et l'Astrologie dans l'antiquité et au moyen-âge ou étude sur les superstitions païennes qui se sont perpétuées jusqu'à nos jours. *Paris, Didier,* 1860 ; in-8, br.   8 fr.

Rare.

1764. **Maynard** (l'abbé U.). La Sainte Vierge. *Paris, Firmin-Didot,* 1877 ; in-4, br.   30 fr.

Cet ouvrage tiré à 500 exemplaires sur PAPIER VÉLIN A LA FORME, est illustré de 14 chromolithographies, de 3 photogravures et de 200 gravures par *Huyot,* dont 24 hors texte.

1765. **Mazade** (Ch. de). Un Chancelier d'ancien régime. Le règne diplomatique de M. de Metternich. *Paris, Plon, Nourrit,* 1889 ; in-8, br.   5 fr.

1766. **Meibomius.** De l'Utilité de la Flagellation dans la médecine et dans les plaisirs du mariage. Ouvrage singulier traduit du latin et enrichi de notes historiques, cri-

tiques et littéraires (par Mercier de Compiègne). *Londres (Besançon),* 1861 ; in-8, mar. Lavallière, comp. de fil. à froid, tr. dor. (*Duru*) 25 fr.

Édition la plus complète et la plus recherchée. Exemplaire en PAPIER FIN.

1767. **Mélanges** d'histoire, de littérature, etc., tirés d'un portefeuille. (Publiés par Quintin Craufurd écossais). *S. l. (Paris),* 1809.   20 fr.

On trouve dans ce volume, publié pour la première fois, les Mémoires de Mme du Hausset, femme de chambre de Mme de Pompadour; des Notices sur le Masque de fer, sur la destruction des jésuites en France, etc.
Exemplaire en GRAND PAPIER.

1768. **Mélanges** publiés par la société des Bibliophiles français. *Paris, imp. Firmin Didot,* 1820-22; 2 vol. in-8, demi-rel. dos et coins de mar. rouge, *non rognés.* 160 fr.

Ces deux volumes, entièrement non rognés, n'ont été tirés, le premier qu'à 26 et le second qu'à 28 exempl., tous pour les membres de la société; ils sont devenus extrêmement rares.

1769. **Mellin de Saint-Gelais.** Œuvres poétiques de Mellin de S. Gelais. *Lyon, Antoine de Harsy,* 1574; in-8 réglé de 8 ff. et 253 pp., mar. bleu, tr. dor.(*Trautz-Bauzonnet*), 1851).   300 fr.

Cette jolie édition, qui passa longtemps pour l'originale, est la seconde et la plus complète des œuvres de ce poète.
Exemplaire grand de marges.

1770. **Mellinet** (Camille). La Commune et la milice de Nantes. *Nantes, Mellinet, s. d.;* 12 vol. in-8, br. 70 fr.

Rare et excellent ouvrage.

1771. **Mémoire** [et supplément du Mémoire] pour le sieur de La Bourdonnais, avec les pièces justificatives. *Paris, impr. de Delaguette,* 1750-1751 ; 2 vol. in-4, carte, veau. (*Rel. anc.*)   25 fr.

Ces deux volumes renferment tout l'historique du célèbre démêlé entre La Bourdonnais et Dupleix, gouverneur de l'Inde.
Mahé de La Bourdonnais, dans la guerre de 1743 entre la France et l'Angleterre, alla au secours de Dupleix, menacé alors dans Pondichéry; il fit capituler la ville de Madras, mais Dupleix ne voulant pas ratifier les articles de la convention, une très vive dissension s'en suivit. La Bourdonnais revint en France; disgracié, il fut mis à la Bastille et n'en sortit qu'après quatre ans de détention, son innocence ayant été enfin reconnue.

Achat de Bibliothèques

1772. Mémoires d'un Claqueur, contenant la théorie et la pratique de l'art des succès ; des jugements sur le talent de plusieurs auteurs, acteurs, actrices, par Robert (Léon Castel). *Paris, Levasseur*, 1829 ; in-8, front., cart., éb. 6 fr.

Intéressant pour l'histoire du théâtre.

1773. Mémoires d'un détenu, pour servir à l'histoire de la tyrannie de Robespierre (par Honoré Riouffe). Seconde édition. *S. l. (Paris), an III ;* in-8, br. 4 fr.

1774. Mémoires de la Régence de S. A. R. Mgr le duc d'Orléans, durant la minorité de Louis XV, roi de France (par le chevalier de Piossens). *Amsterdam, Zach. Chatelain,* 1729 ; 3 vol. in-12, portr., veau. 8 fr.

1775. Mémoires de Littérature. (Par de Sallengre). *La Haye, H. du Sauzet,* 1715-1717 ; 2 vol. in-12, front. — Continuation des Mémoires de littérature et d'histoire (par le P. Desmolets et l'abbé Gouget). *Paris, Simart,* 1730-1731 ; 11 vol. in-12. Ens. 13 vol. in-12, veau fauve, dos orné (*Rel. anc.*) 40 fr.

Les 2 volumes du premier ouvrage sont aux armes du duc de RICHELIEU.

1776. Mémoires du Ministère du duc d'Aiguillon, Pair de France, et de son commandement en Bretagne. (Rédigés par le comte de Mirabeau et publiés par J. L. Giraud-Soulavie l'aîné). *Paris,* 1790; in-8, demi-rel. veau. 5 fr.

1777. Mémoires historiques sur la catastrophe du duc d'Enghien. *Paris, Baudouin,* 1824; in-8, br. 5 fr.

Résumé tiré des mémoires du duc de Rovigo, général Hulin, Talleyrand, Dalberg, etc.

1778. Mémoires inédits sur la vie et les ouvrages des membres de l'Académie royale de Peinture et de Sculpture publiés par MM. Dussieux, E. Soulié, Ph. de Chennevières, P. Mantz, A. de Montaiglon. *Paris, Dumoulin,* 1854; 2 vol. in-8, demi-rel. veau fauve. 10 fr.

1779. Mémoires sur la Vendée, comprenant les mémoires inédits d'un ancien administrateur militaire des armées républicaines, et ceux de Madame de Sapinaud. *Paris, Baudouin,* 1823; in-8, cart. 5 fr.

1780. Mendès (Catulle). Lesbia. *Paris, M. de Brunhoff,* 1886 ; in-12, cart., *non rogné,* couv. 8 fr.

PAPIER DE HOLLANDE, tiré à 12 exemplaires (n° 2).

1781. Ménestrier (le P.). Des Décorations funèbres où il est amplement traité des tentures, des lumières, des mausolées, catafalques, inscriptions et autres ornemens funèbres. Avec tout ce qui s'est fait de plus considérable depuis plus d'un siècle, pour les papes, empereurs. *Paris,* 1684 ; in-8, veau fauve, dos orné, dent. à froid. 10 fr.

Figures sur bois intercalées dans le texte.

1782. Ménestrier. Nouvelle Méthode raisonnée du Blason, ou l'art héraldique de P. Ménestrier, mise dans un meilleur ordre par M. L*** (P. C. Lemoine). *Lyon, P. Bruyset Ponthus,* 1770 ; in-8, bas. 12 fr.

Excellente édition ornée d'un frontispice et de nombreuses planches d'armoiries.

1783. Mercier (L.-Séb.). Le Nouveau Paris, par le cit. Mercier. *Paris, Fuchs, s. d.* ; 6 tomes en 3 vol. in-8, couv. en papier. 12 fr.

Ouvrage critique des mœurs sous la Révolution.

1784. Mérigot. Promenades ou itinéraire des jardins de Chantilly. *Paris,* 1791 ; in-8, cart. 35 fr.

20 estampes gravées et dessinées par *Mérigot.*

1785. Merval. Catalogue et armorial des présidents, conseillers, gens du roi et greffiers du parlement de Rouen, dressés sur les documents authentiques par Steph. de Merval. *Evreux, impr. Aug. Hérissey,* 1867 ; in-4, br. 15 fr.

Tirage à 200 exemplaires.
Vignettes et fleurons dessinés et gravés à l'eau-forte par *Louis de Merval.*

1786. Michault (Pierre). La Dance des Aveugles. (A la fin) : *Imprimée à Paris par Le Petit Laurens, s. d. (Paris, Pilinski, vers* 1865) ; pet. in-8 goth. de 36 ff., fig., demi-rel. dos et coins de mar. rouge, dos orné, tête dor., *non rogné* (*Cuzin*). 20 fr.

Reproduction fac-similé exécutée par

Adam Pilinski, d'une édition non citée imprimée au XVIᵉ siècle.
Un des 50 exemplaires publiés à 80 fr.

1787. Michel (Ad.). L'Ancienne Auvergne et le Velay. Histoire, archéologie, mœurs, topographie. *Moulins, impr. de P.-A. Desrosiers, 1843-1847* ; 4 vol. in-fol., demi-rel. dos et coins de mar. noir, tête dor., *non rognés.* 225 fr.
143 planches.

1788. Michel. Monuments religieux, civils et militaires du Gâtinais, depuis le XIᵉ jusqu'au XVIIᶜ siècle, par Edmond Michel. *Lyon, Georg,* 1879 ; in-4, demi-rel. mar. rouge, *non rogné.* 50 fr.
Ouvrage illustré de 107 planches hors texte d'après les dessins de l'auteur.

1789. Michel (Emile). Rembrandt, sa vie, son œuvre et son temps. Ouvrage contenant 343 reproductions directes d'après les œuvres du maître. *Paris, Hachette,* 1893 ; in-4, br. 22 fr.

1790. Michel et **Desnos.** L'Indicateur fidèle ou guide des Voyageurs, qui enseigne toutes les routes royales et particulières de la France. Dressé par le sieur Michel, ingénieur géographe, mis au jour et dirigé par le sieur Desnos. *Paris,* 1765 ; in-4, couv. en papier. 20 fr.
Titre et frontispice gravés ; carte générale et 18 cartes routières particulières.
Quelques piqûres de vers.

1791. Michiels (Alfred). Rubens et l'école d'Anvers. *Paris, Delahays,* 1854 ; in-8, br. 3 fr.

1792. Michiels (Alfred). Van Dyck et ses élèves. *Paris, Loones,* 1882 ; gr. in-8, cart., *non rogné.* 12 fr.
Ouvrage illustré de 8 eaux-fortes du maître et de 16 autres gravures, dont 12 hors texte.

1793. Migliori (Le) Pitture della Certosa di Napoli disegnate e publicate dal pittore Luigi Angelini. *Parigi, Fain,* 1843; in-fol., cart. 10 fr.
18 planches en taille-douce tirées hors texte.

1794. Milizia. De l'Art de voir dans les Beaux-Arts, traduit de l'italien de Milizia, par le général de Pommereul. *Paris, Bernard, an 6 (1798)* ; in-8, veau marbré, dos orné, fil., tr. dor. (*Rel. anc.*). 4 fr.

1795. Mille et Une Nuits (Les). Contes arabes, traduits par Galland. Edition illustrée par les meilleurs artistes français et étrangers, revue et corrigée sur l'édition princeps de 1704 ; augmentée d'une dissertation sur les Mille et Une Nuits, par M. le baron Silvestre de Sacy. *Paris, Ernest Bourdin, 16, rue de Seine-Saint-Germain, s. d. (1840)* ; 3 vol. gr. in-8, br. (couv. ill.). 60 fr.
Bel exemplaire du PREMIER TIRAGE de cette édition des Mille et Une Nuits, ornée d'un très grand nombre de figures insérées dans le texte et de 20 planches tirées à part (les frontispices de 2 derniers volumes manquent). Couverture illustrée imprimée en bleu et or sur fond blanc.
Taches de rousseur.

1796. Milleville (Henry de). Armorial historique de la Noblesse de France. *Paris, Vaton,* 1845 ; gr. in-8, demi-rel. bas. verte. 10 fr.
Blasons et vignettes. — Taches.

1797. Milliet (Paul). De l'Origine du Théâtre à Paris. *Paris, libr. des Bibliophiles,* 1870 ; in-16, br. 3 fr.
Frontispice de *Félix Lucas.* PAPIER VERGÉ.

1798. Millengen (James). Peintures antiques de vases grecs de la collection de sir John Coghill. *Rome,* 1817 ; 2 vol. in-fol., demi-rel. dos et coins de mar., tête dor., *non rognés.* 140 fr.
112 planches gravées.

1799. Millot. L'Art de procréer les sexes à volonté, ou histoire physiologique de la génération humaine. Quatrième édition. *Paris, impr. de Migneret (1806)* ; in-8, mar. La Vallière, dos orné, fleurons d'angle, tr. dor. (*Chatelain*). 40 fr.
Curieux traité illustré de planches en taille-douce.

1800. Miorcec de Kerdanet. Notices chronologiques sur les theologiens, jurisconsultes, philosophes, artistes, littérateurs, poètes, bardes, troubadours et historiens de la Bretagne, depuis le commencement de l'ère chrétienne jusqu'à nos jours. *Brest, impr. Michel,* 1818 ; in-8, demi-rel. veau. 6 fr.
Rare.

1801. Miot de Melito. Mémoires du comte Miot de Melito, ancien ministre, ambassadeur, conseiller d'Etat et membre de l'Institut. 1788-1815. *Paris. Michel Lévy,* 1858 ; 3 vol. in-8, br. 12 fr.

1802. Mirabeau. Élégies de Tibulle. *Paris,* 1798 ; 3 vol. in-8, veau marbré, dos orné (*Rel. anc.*). 15 fr.

14 figures d'après *Borel.*

1803. Mirabeau. Des Lettres de cachet et des prisons d'Etat. Ouvrage posthume, composé en 1778. *Hambourg,* 1782 ; 2 vol. in-8, basane. 12 fr.

Cet ouvrage a été contesté au célèbre tribun et attribué à son oncle, le bailli de Mirabeau et aussi à Clavière. La mention « ouvrage posthume » indique que le prisonnier de la Bastille ne l'était plus en 1782, puisqu'il avait été mis en liberté en 1780.

1804. Mirouer (le) d'or de l'ame pecheresse. (A la fin :) *Imprimé à Paris, par Jehan Trererel, s. d.* ; pet. in-4 goth. de 42 ff., mar. Lavallière, dos orné, fil. et dent. à froid, tr. dor. (*Capé*). 300 fr.

Rare édition ornée sur le titre d'une jolie figure gravée sur bois. Le dernier feuillet porte au verso la marque de Jean Trepperel.
Très bel exemplaire.

1805. Misères (les) de la vie humaine, ou les gemissemens et soupirs exhalés au milieu des fêtes, des spectacles, des bals et des concerts, des amusements de la campagne, etc. Traduction par T. P. Bertin. *Paris, Chaumerot,* 1809 ; 2 vol. in-8, veau gris, dos orné, tr. rouge. 10 fr.

Frontispices lithographiés.

1806. Molière. Œuvres de Molière. Nouvelle édition. *A Paris (Prault),* 1734 ; 6 vol. in-4, veau granit. 350 fr.

Bel exemplaire orné du portrait de Molière par *Coypel* et de 33 figures par *Boucher* avec nombreuses vignettes et culs-de-lampe.

1807. Molière. Œuvres complètes de Molière avec les notes de tous les commentateurs. Edition publiée par L. Aimé-Martin. *Paris, Lefèvre,* 1824-1826 ; 8 vol. in-8, portr., demi-rel. mar. rouge, tête dor., *non rognés.* 150 fr.

De la *Collection des classiques français.*
Exemplaire en GRAND PAPIER VÉLIN, orné d'un portrait sur *Chine* avant la lettre.
Quelques piqûres d'humidité.

1808. Molière. Œuvres de Molière avec les notes de tous les commen-tateurs. Troisième édition publiée par L. Aimé-Martin. *Paris, Lefèvre et Furne,* 1845 ; 6 vol. in-8, demi-rel. chagr. bleu. 35 fr.

Portrait et figures sur acier.

1809. Molière. Le Théâtre de Jean-Baptiste Poquelin de Molière. Edition collationnée sur les textes originaux et ornée de gravures à l'eau-forte, par Frédéric Hillemacher. *Lyon, Scheuring (impr. Perrin),* 1864-1870 ; 8 vol. in-8, fig., br. 300 fr.

Exemplaire sur PAPIER VERGÉ, avec les vignettes avant le nom des artistes, et contenant la *Cérémonie du Malade imaginaire.*

1810. Molinier (Émile). Les Plaquettes. Catalogue raisonné. *Paris, Jules Rouam,* 1886 ; 2 tomes en un vol. gr. in-8, fig., demi-rel. dos et coins de chagr. brun, tête dor., *non rogné.* 15 fr.

1811. Moltke (Maréchal de). La Guerre de 1870. Edition française par E. Jaeglé. Deuxième édition. *Paris, Le Soudier,* 1891 ; in-8, br. 7 fr.

Carte d'ensemble du théâtre de la guerre.

1812. Monstrelet. La Chronique d'Enguerran de Monstrelet, en deux livres avec pièces justificatives, 1400-1444, publiée par L. Douët-d'Arcq. *Paris, Vve J. Renouard,* 1857-1862 ; 6 vol. in-8, cart., *non rognés.* 40 fr.

De la Collection de la Société de l'Histoire de France.

1813. Montagne (Édouard). La Feuille à l'envers. *Paris, Monnier,* 1885 ; in-8, demi-rel. dos et coins de mar. bleu, tête dor., *non rogné* (*Bretault*). 8 fr.

Illustrations de *Gorguet* et *Fau.* Couverture conservée.

1814. Montaigne. Essais de Messire Michel, seigneur de Montaigne, chevalier de l'ordre du Roy et gentilhomme ordinaire de sa chambre, maire et gouverneur de Bourdeaus. Edition seconde, reveuë et augmentée. *A Bourdeaus, par S. Millanges,* 1582 ; in-8, mar. rouge, dos orné, fil., tr. dor. (*Trautz-Bauzonnet, 1857*). 600 fr.

SECONDE ÉDITION ORIGINALE des *Essais.* C'est la réimpression de celle de 1580, renfermant comme elle les deux premiers livres, mais imprimée avec plus de soin et d'élégance.

Exemplaire réglé. Haut. : 155 mill.

1815. **Montaigne.** Les Essais de Michel, seigneur de Montaigne. Nouvelle édition exactement purgée des défauts des précédentes, selon le vray original. *Amsterdam*, 1781 ; 3 vol. in-12, portr., veau, dos orné, fil. (*Rel. anc.*).   12 fr.

1816. **Monstres** généralles de la Noblesse du bailliage d'Evreux en 1469. *Paris, Dumoulin, et Rouen, le Brument*, 1853 ; in-8, br.   8 fr.

PAPIER VERGÉ.

1817. **Montalembert.** Les Moines d'Occident, depuis saint Benoist jusqu'à Saint Bernard. *Paris, Lecoffre*, 1878-1882 ; 7 vol. in-12, br.   15 fr.

1818. **Montesquieu.** Considérations sur les causes de la grandeur des Romains et de leur décadence. *Paris, impr. de P. Didot*, 1814 ; in-8, portr., demi-rel. mar. rouge, dos orné, *non rogné.*   10 fr.

PAPIER VERGÉ FIN. De la collection des meilleurs ouvrages de la langue française.

1819. **Montesquieu.** Œuvres complètes de Montesquieu, précédées de la vie de cet auteur. *Paris, Lefevre (impr. de Crapelet)*, 1818 ; 5 vol. in-8, portr., demi-rel. bas. rouge, *non rognés.*   25 fr.

1820. **Montesquieu.** Le Temple de Gnide. *Paris, impr. de Didot*, 1795; pet. in-12, mar. vert, dos orné, dent., tr. dor. (*Rel. anc.*). 50 fr.

Très belle édition, ornée sur le titre du portrait de l'auteur par *Saint-Aubin* et de 12 jolies figures de *Regnault* et de *Le Barbier.*

Exemplaire sur PAPIER VÉLIN.

1821. **Montesquiou - Fezensac** (Comte Robert de). Le Chef des Odeurs suaves. *Paris, G. Richard*, 1893 ; gr. in-8 carré, br.   15 fr.

1822. **Montfaucon.** L'Antiquité expliquée et représentée en figures par Dom Bernard de Montfaucon. *Paris, Delaulne*, 1717 ; 10 vol. in-fol. — Supplément au livre de l'Antiquité expliquée ; 5 vol. in-fol. Ens. 15 vol. in-fol., fig., veau. 300 fr.

Nombreuses planches.

1823. **Montglat** (Fr. de Paule de

Clermont, marquis de). Mémoires. *Amsterdam*, 1727 ; 4 vol. in-12, veau granit, fil. à froid (*Rel. anc.*) 15 fr.

PREMIÈRE ÉDITION de ces curieux mémoires qui comprennent les faits de notre histoire sous le règne de Louis XIII, de 1635 à la fin de la régence d'Anne d'Autriche, en 1660.

Bel exemplaire.

1824. **Montrosier** (Eugène). Peintres modernes. Ingres. — H. Flandrin. — Robert Fleury. *Paris, Baschet*, 1882 ; in-8, br.   7 fr.

Exemplaire sur PAPIER DU JAPON. Planches sur Chine appliqué.

1825. **Moreau** (Adolphe). E. Delacroix et son œuvre, avec des gravures en fac-simile des planches originales les plus rares. *Paris, libr. des bibliophiles*, 1873 ; in-8, br. 10 fr.

1826. **Moreau** (P.). Les Sainctes Prières de l'âme chrestienne escrites et gravées après le naturel de la plume par P. Moreau, Me escrivain juré. *Paris, l'auteur*, 1632 ; in-12, chagrin vert, fil. à froid, tr. dor.   110 fr.

Joli volume entièrement gravé, avec bordures à chaque page ornées de fleurs, de fruits et d'arabesques.

1827. **Morice** (Dom Pierre-Hyacinthe) et dom **Taillandier.** Histoire ecclésiastique et civile de Bretagne. *Paris, Delaguette*, 1750-1756 ; 2 vol. — Mémoires pour servir de preuves à l'histoire de Bretagne. *Paris, Osmond*, 1742-1746 ; 3 vol. Ens. 5 vol. in-fol., front., veau fauve, dos orné, fil., tr. dor. (*Rel. anc.*).   300 fr.

Rare ouvrage très recherché, surtout à cause des preuves qui présentent une infinité de pièces curieuses. — Très bel exemplaire.

1828. **Moser.** L'Ambassadrice et ses droits, par M. Moser, conseiller à la cour de Hesse-Hombourg. *Berlin, Et. de Bourdeaux*, 1754 ; in-12, veau, dos orné.   4 fr.

1829. **Mottin de la Balme.** Essais sur l'Equitation, ou principes raisonnés sur l'art de monter et de dresser les chevaux. *Amsterdam et Paris, Jombert*, 1773 ; pet. in-8, veau.   10 fr.

Joli frontispice dessiné par *Moreau le jeune* et gravé par *Ingouf.*

1830. **Mounier** (J.-J.). De l'Influence attribuée aux philosophes, aux francs-maçons et aux illuminés sur la Révolution de France. *Tubingen, Cotta*, 1801 ; in-8, bas. 4 fr.

1831. **Musée**. Héro et Léandre, poëme de Musée. On y joint la traduction de plusieurs Idylles de Théocrite par M. M*** C*** (Moutonet-Clairfons). *A Sestos et se trouve à Paris chez le Boucher*, 1774 ; in-8, veau racine, dos orné, fil. (*Rel. anc.*). 20 fr.

Frontispice d'*Eisen* gravé par *Duclos*.

1832. **Musset** (Alfred de). La Mouche. Illustré de trente compositions, par Ad. Lalauze. Préface par Philippe. *Paris, Ferroud*, 1892 ; gr. in-8, br. 90 fr.

Exemplaire sur GRAND PAPIER VÉLIN D'ARCHES, contenant la double suite des figures de *Lalauze*, avec remarques d'artistes.

1833. **Musset** (Alfred de). Œuvres. *Paris. Alph. Lemerre*, 1876, 10 vol. — Biographie de Alfred de Musset, par Paul de Musset. *Paris, Alph. Lemerre*, 1877. Ens. 11 vol. pet. in-12, cart., *non rognés*. 100 fr.

Charmante édition, ornée de 5 portraits d'Alfred de Musset auxquels on a joint la suite des eaux-fortes de *Monziès* d'après *Henri Pille*. — PAPIER VERGÉ.

1834. **Musset-Pathay** (V.-D.). Histoire de la vie et des ouvrages de J.-J. Rousseau. *Paris, Dupont*, 1827 ; in-8. br. 5 fr.

Très bon ouvrage.

1835. **Mystère**. LE PREMIER [ET LE SECOND] VOLUME DU TRIUMPHANT MYSTÈRE DES ACTES DES APOSTRES translaté fidèlement à la vérité historiale. Tout ordonné par personnages, dernierement joué à Bourges, et imprimé nouvellement à Paris, mil cinq cens quarante. *Paris, Arnoul et Charles les Angeliers frères*, 1540 ; 2 tomes en un vol. in-4, mar. rouge, dos orné, fil., tr. dor. (*Bauzonnet-Trautz*). 600 fr.

Cette édition recherchée porte sur le titre les marques de Guillaume Anabat et des frères Angeliers. Le premier volume se compose de 10 ff. lim., 197 ff. et 1 f. ; le second 8 ff. lim., 251 ff. et 1 f. Belle impression gothique.

1836. **Nadaud** (Gustave). Chansons choisies, illustrées par ses amis. *Paris, Ateliers de reproductions artistiques*, 1882 ; 2 vol. pet. in-fol., demi-rel. dos et coins de chagrin rouge, tête dor., éb. 50 fr.

199 chansons avec leur musique. ornées de jolies compositions reproduites par la phototypie.

1837. **Napoléon Ier**. Recueil par ordre chronologique de ses lettres, proclamations, bulletins, discours sur les matières civiles et politiques, etc., formant une histoire de son règne écrite par lui-même et accompagnée de notes historiques par M. Kermoysan. *Paris, Firmin Didot*, 1863-1865 ; 4 vol. in-12, br. 10 fr.

1838. **Naudet** (J.). Conjuration d'Etienne Marcel contre l'autorité royale. *Paris, Egron*, 1815 ; in-8, cart. 4 fr.

1839. **Neri** (Ant.). Art de la Verrerie de Neri, Merret et Kunckel, auquel on a ajouté le S'ol sine veste d'Orschall. Traduit de l'allemand par M. D*** (d'Holbach). *Paris, Durand*, 1752 ; in-4, basane. 25 fr.

Seize planches gravées sur cuivre.

1840. **Noblesse**. Almanach de la Noblesse du royaume de France pour l'année 1848. *Paris, Aubert*, 1848 ; in-12, cart. toile, tr. dor. 7 fr.

1841. **Noblesse**. Etrennes à la Noblesse ou état actuel des familles nobles de France, pour l'année 1884 (par Réverend). *Paris, Richard*, 1884 ; pet. in-8, cart., *non rogné*. 6 fr.

PAPIER VERGÉ.

1842. **Noblesse**. Revue nobiliaire héraldique et biographique, par Bonneserre de Saint-Denis. *Paris, Dumoulin*, 1862-1867 ; 5 vol. in-8. demi-rel. dos et coins de chagr. noir. 40 fr.

1843. **Nodier** (Charles). Bonaventure Despériers. — Cirano de Bergerac. *Paris, Techener*, 1841 ; in-8. demi-rel. dos et coins de mar. rouge, tête dor., *non rogné*. 8 fr.

PAPIER VERGÉ.

1844. **Nodier** (Charles). Description raisonnée d'une jolie collection de Livres (nouveaux mélanges tirés d'une petite bibliothèque). *Paris. Techener*, 1844 ; in-8, demi-rel. dos et coins de mar. vert, dos orné, tête dor., *non rogné*. 12 fr.

Ouvrage renfermant la vie de Nodier par Francis Wey.

Et de Livres anciens et modernes

1845 **Noël** (Fr.). Dictionnaire de la Fable. Troisième édition, revue, corrigée et considérablement augmentée. *Paris, Le Normant*, 1810 ; 2 vol. in-8, front., veau, dos orné, tr. marbr. 7 fr.

1846. **Nogaret.** Le Fond du Sac. Recueil de contes en vers. *Rouen, Lemonnyer*, 1879 ; 2 vol. in-8, demi-rel. dos et coins de mar. rouge, dos orné, tête dor., *non rognés.* 25 fr.

Frontispice et figures.
Exemplaire sur PAPIER WHATMAN.

1847. **Normandie illustrée** (La), monuments, sites et costumes de la Seine-Inférieure, de l'Eure, du Calvados, de l'Orne et de la Manche. *Paris, Charpentier*, 1854 ; 2 vol. in-fol., *en 24 livraisons.* 90 fr.

Nombreuses lithographies.
Les costumes ont été dessinés et lithographiés par *Lalaisse.*

1848. **Nougaret** (P.-J.-B.). Histoire des Prisons de Paris et des départemens ; contenant des mémoires rares et précieux. *Paris, Courcier*, 1797 ; 4 vol. in-12, demi-rel. veau. 15 fr.

Ouvrage orné de 8 figures, par *Blanchard.*

1849. **Office** de la Semaine Sainte, latin et françois, à l'usage de Rome et de Paris avec l'explication des cérémonies de l'église. *Paris, Ant. Dezallier*, 1712 ; in-8, mar. rouge, dos orné, dent., tr. dor. (*Rel. anc.*). 65 fr.

Exemplaire aux armes.

1850. **Orléans** (famille d'). Panthéon des illustrations françaises au XIX⁰ siècle. Famille d'Orléans et notabilités du règne du roi Louis-Philippe, par Victor Frond. Introduction par Jules Janin. *Paris, Abel Pilon, s. d.* (vers 1873) ; gr. in-4, demi-rel. chagr. rouge, plats toile, tr. dor. 45 fr.

43 portraits lithographiés du roi, de la reine, des princes et princesses d'Orléans et des personnages les plus marquants du règne.

1851. **Pacheco de Narvaez** (Luis). Nueva Cienca, y filosafia de la destreza de las armas, su teorica, y practica. *Madrid, Melchor Sanchez*, 1672 ; in-4, vélin. 80 fr.

Un des ouvrages les plus réputés sur l'art de l'escrime espagnole.

1852. **Paillot de Montabert.** Traité complet de la Peinture. *Paris, J.-F. Delion*, 1829-51 ; 9 vol. in-8 et album in-4, demi-rel. dos et coins de chagr. Lavallière, tête dor., *non rognés.* 60 fr.

L'album renferme 111 planches gravées sur cuivre.

1853. **Papillon** (J.-M.). Traité historique et pratique de la Gravure en bois. Ouvrage enrichi des plus jolis morceaux de sa composition et de sa gravure. *Paris, P.-G. Simon*, 1766 ; 2 vol. in-8, demi-rel. bas. 30 fr.

Rare traité dû au rénovateur de la gravure sur bois au siècle dernier.
Curieuses planches en couleurs exécutées au moyen de bois successifs.

1854. **Parent-Duchatelet.** De la Prostitution dans la ville de Paris considérée sous le rapport de l'hygiène publique, de la morale et de l'administration ; ouvrage appuyé de documens statistiques puisés dans les archives de la préfecture de police avec cartes et tableaux. Précédé d'une notice historique sur la vie et les ouvrages de l'auteur par Fr. Leuret. *Paris, J.-B. Baillière*, 1836 ; 2 vol. in-8, demi-rel. veau. 15 fr.

Ouvrage important pour l'histoire des mœurs parisiennes.

1855. **Paris.** LES DÉLICES DE PARIS et de ses environs, ou Recueil de Vues perspectives des plus beaux monuments de Paris et des maisons de plaisance situées aux environs de cette ville, par Perelle. *Paris, Jombert*, 1753 ; in-fol., veau marbré, dos orné, tr. rouge. 450 fr.

Ce recueil formé de vues de Paris de *Marot, Perelle, Silvestre*, etc., dont les cuivres étaient entre les mains de Jombert qui les avait fait retoucher, contient un certain nombre de planches consacrées aux environs de Paris : Vaux, Petit-Bourg, Chantelou, Rambouillet, Maintenon, Liencourt, Chaville, Louvois, etc. Il renferme en tout 224 planches tirées sur 210 feuilles.
On a ajouté à cet exemplaire 68 planches des Vues de Paris et des environs gravées par *Guérard*, extraites de la *Geometrie pratique* de Manesson Mallet ; et une vue du Château de Ruel. Ensemble 293 planches.

1856. **Paris.** Description de Paris, de Versailles, de Marly, de Meudon, de S. Cloud, de Fontainebleau et de toutes les autres belles maisons et châteaux des environs de Paris, par Piganiol de la Force. *Paris,*

Th. Le Gras, 1742 ; 8 vol. in-12, veau. 25 fr.

> Planches gravées sur cuivre, représentant les monuments de Paris et les plans de ses quartiers.

1857. Paris. Description des curiosités des Eglises de Paris et des Environs, par Antoine-Martel Le Fèvre. *Paris, Gueffier,* 1759 ; in-12, veau. 7 fr.

1858. Paris. Description historique des Curiosités de l'Eglise de Paris, contenant les détails de l'édifice, le trésor, les chapelles, tombeaux, épitaphes, et l'explication des tableaux. Par M. C. P. G. (Gueffier). *Paris, Gueffier,* 1763 ; veau marbr., dos orné, dent. 5 fr.

> Planches en taille-douce.

1859. Paris. Etat ou tableau de la Ville de Paris, considérée relativement au nécessaire, à l'utile à l'agréable et à l'administration. Nouvelle édition, revue et corrigée. (Par Jeze, avec discours préliminaire par Ch.-E. Pesselier). *Paris, Prault,* 1761 ; in-8, plan, veau. 8 fr.

> Reliure fatiguée.

1860. Paris. Guide des Amateurs et des étrangers voyageurs à Paris, ou description raisonnée de cette ville, par M. Thiéry. *Paris, Hardouin et Gattey,* 1787 ; 2 vol. in-12, veau marbr. 25 fr.

> Jolies planches dessinées par *Thiéry,* gravées par *Jourdan.*

1861. Paris. Histoire de la Ville de Paris. *Paris, Guillaume Desprez,* 1735 ; 5 vol. in-12, plans, veau. 18 fr.

> Ouvrage intéressant dont les quatre premiers volumes ont été rédigés par l'abbé Guyot-Desfontaines et J. du Castre d'Auvigny, et le cinquième par L.-J. de La Barre.

1862. Paris. Histoire municipale de Paris, depuis les origines jusqu'à l'avénement de Henri III, par Paul Robiquet. *Paris, Reinwald,* 1880 ; in-8, br. 4 fr.

1863. Paris. Inventaire général des Œuvres d'art appartenant à la ville de Paris dressé par le service des Beaux-Arts. *Paris, impr. Chaix,* 1878-1889 ; 9 vol. in-4, cart. toile. 50 fr.

> Edifices civils, 2 vol. — Edifices religieux, 4 vol. — Edifices des arrondissements de S.-Denis et de Sceaux, 2 vol. — Edifices divers, 1 vol.

1864. Paris. Monuments de la Ville de Paris et autres places recueillies sans le texte. *Paris,* 1793 ; in-fol., demi-rel. 100 fr.

> Sous ce titre manuscrit on a rassemblé 60 planches de *Silvestre, Chevotet, J. Marot,* la plupart éditées par *F. Chéreau,* représentant principalement des façades d'églises de Paris ; on y voit aussi plusieurs planches concernant le *Louvre,* les places, portes, fontaines et palais de la ville.
> Les dernières planches, par *Silvestre,* se rapportent au Château de Meudon.

1865. Paris, Saint-Cloud et les departemens ou Buonaparte, sa famille et sa cour. Recueil d'anecdotes par un chambellan forcé à l'être. *Paris, Ménard et Desenne,* 1820 ; 3 vol. in-8, br. 15 fr.

1866. Paris. Le Personnel municipal de Paris pendant la Révolution. Période constitutionnelle, par Paul Robiquet. *Paris,* 1890 ; gr. in-8, br. 3 fr.

1867. Paris. Plan de Paris commencé l'année 1734. Dessiné et gravé sous les ordres de Messire Michel-Etienne Turgot, levé et dessiné par Louis Bretez, gravé par Claude Lucas, écrit par Aubin. *Paris,* 1739 ; in-fol., veau marbr. (*Rel. anc.*). 180 fr.

> PREMIER TIRAGE de ce beau plan gravé en élévation. Il se compose de 20 feuilles et d'un plan d'assemblage.
> Exemplaire aux armes de la ville de Paris.

1868. Paris. Les Rues et les Environs de Paris (par Jaillot). *Paris, Ph.-D. Langlois,* 1777 ; 2 vol. in-12, veau marbr. 10 fr.

1869. Paris. Soixante vues des plus beaux palais, monuments et églises de Paris, cathédrales et châteaux de France, gravées par Couché et fils, avec leurs explications tirées des meilleurs auteurs, par M. Lagier de Vaugelas. *Paris, Villequin,* s. d. ; in-8, demi-rel. mar. vert. 35 fr.

> Intéressantes vues de Paris au commencement de ce siècle.

1870. Paris. Voyage pittoresque de Paris, ou description de tout ce qu'il y a de plus beau dans cette grande ville, en peinture, sculpture et architecture, par M. D*** (Ant.-Nic. Dezallier d'Argenville fils). Cinquième édition. *Paris, De Bure,* 1770 ; in-12, bas. 12 fr.

> Frontispice en rouge et noir, planches par *Moreau, Choffard, Aug. de S.-Aubin.*

Et de Livres anciens et modernes

1871. **Paris.** Voyage pittoresque des Environs de Paris, ou description des maisons royales, châteaux, etc. *Paris, De Bure*, 1762 ; in-12, veau.   5 fr.

1872. **Paris.** Les Prisons de Paris sous la Révolution, d'après les relations des contemporains, avec des notes par C.-A. Dauban. *Paris, H. Plon,* 1870 ; in-8, br.   4 fr.

1873. **Pascal** (Blaise). Œuvres. *La Haye,* 1779 ; 5 vol. in-8, port., basane.   15 fr.

1874. **Pascal** (Blaise). Les Provinciales ou lettres écrites par Louis de Montalte à un provincial de ses amis et aux R.R. P.P. Jésuites sur la morale et la politique de ces Pères. Avec les notes de G. Wendrock (Nicole). *S. l. (Amsterdam),* 1733 ; 3 vol. in-12, veau.   10 fr.

Frontispice et 2 portraits.

1875. **Passavant** (J.-D.). Raphaël d'Urbin et son père Giovanni Santi. *Paris, J. Renouard,* 1860 ; 2 vol. in-8, br.   8 fr.

Publié à 20 fr.

1876. **Passerat** (Jean). Recueil des Œuvres poetiques de Jean Passerat, lecteur et interprete du Roy. Augmenté de plus de la moitié, outre les precedantes impressions. *Paris, Abel Langelier,* 1606. — Joannis Passeratii Kalendæ Januariæ et varia quædam poëmatia. *Parisis, apud Abel Angelcirum,* 1606. Ens. 2 tomes en un vol. pet. in-8, veau fauve, dos orné, fil. (*Rel. anc.*). 50 fr.

Bel exemplaire.

1877. **Pastor** (Dr Louis). Histoire des Papes depuis la fin du Moyen âge. Ouvrage traduit de l'allemand par Furcy Raynaud. *Paris, Plon et Nourrit,* 1888 ; 2 vol. in-8, br. 7 fr.

1878. **Patin** (Charles). Histoire des Médailles ou introduction à la connoissance de cette science. *Paris, Vve Mabre-Cramoisy,* 1695 ; in-12, veau, dos orné.   5 fr.

Frontispice et figures de médailles, gravées en taille-douce.

1879. **Pellico** (Silvio). Mes Prisons, suivies du discours sur les devoirs des hommes. Traduction de M. Antoine de Latour. *Paris, Charpentier,* 1842 ; in-18, mar. bleu, dos

orné, fil. à froid et dor., tabis, tr. dor. (*Andrieux*).   75 fr.

Exemplaire de dédicace tiré sur PAPIER ROSE, au chiffre de la reine MARIE-AMÉLIE.

1880. **Pellico** (Silvio). Mes Prisons. Suivies du Discours sur les Devoirs des Hommes. Traduction de M. Antoine de Latour, avec des chapitres inédits, les additions de Maroncelli et des notices littéraires ou biographiques. *Paris, Charpentier,* 1843; gr. in-8, demi-rel. chagr. brun, eb., *non rogné.*   12 fr.

Belle édition, illustrée par *Tony Johannot* de 100 dessins gravés sur bois. Frontispice sur Chine.

1881. **Pensées** sur les femmes et le mariage, dédiées aux hommes par un vieux militaire. *Kehl,* 1782 ; 3 tomes en un vol. in-12, bas. 20 fr.

Curieux frontispice satyrique.

1882. **Perthuis** et **La Nicollière-Teijeiro.** Le Livre doré de l'Hôtel-de-Ville de Nantes avec les armoiries et les jetons des Maires. *Nantes, impr. J. Grinsard,* 1873 ; 2 vol. in-4, demi-rel. dos et coins de mar. rouge, tête dor., *non rognés (Belz-Niedrée).*   40 fr.

Un des 50 exemplaires sur PAPIER DE HOLLANDE.

Bel ouvrage donnant la biographie de tous les maires de Nantes depuis 1565 jusqu'à nos jours, leurs armoiries gravées reproduites d'après les documents les plus probants, et 15 planches de jetons municipaux gravés en taille-douce, tirées sur Chine.

1883. **Pétrarque.** Les Sonnets de Pétrarque. Traduction complète en sonnets réguliers avec introduction et commentaire par Philibert le Duc. *Paris, Léon Willem,* 1877-1879 ; 2 vol. in-8, portr., br. 5 fr.

Exemplaire non coupé.

1884. **Petrone.** Traduction entière de Petrone suivant le nouveau manuscrit trouvé à Bellegarde en 1688, avec des remarques (par François Nodot). *Cologne, Groth (Paris),* 1693-1694 ; 2 tomes en un vol. in-12, veau.   25 fr.

Rare.

1885. **Peucer** (Gaspar). Les Devins ou commentaire des principales sortes de devinations. Distingué en quinze livres, esquels les ruses et impostures de Satan sont descouvertes, solidement réfutées, etc.

Escrit en latin, nouvellement tourné en françois par S. G. S. (Simon Goulart, Senlisien). *Anvers, Heudrick Connix*, 1584; in-4, vélin à recouvrements.   60 fr.

Le meilleur ouvrage de cet auteur fécond.

1886. **Pezzi** (Lorenzo). La Vigna del Signore, nellaquale si dichiarano i santissimi sacramenti, et si descrivono il Paradiso, il Limbo, il Purgatorio et l'Inferno, del R. D. Lorenzo Pezzi da Cologna. *Venetia, appr. Girolamo Porro*, 1589; pet. in-4, vélin.   30 fr.

Titre, portrait, 1 pl. pliée et 15 figures très finement gravés sur cuivre. Bel exemplaire.

1887. **Physique** (la) occulte, ou traité de la baguette divinatoire. *La Haye, Adr. Moetjens,* 1762; 2 vol. in-12, demi-rel. veau gris, *non rognés.*   12 fr.

Cet ouvrage est de Pierre Le Lorrain, dit l'abbé de Vallemont.
Bel exemplaire orné de jolies figures en taille-douce.

1888. **Picart** (Bernard). Recueil de Lions, dessinez d'après nature par divers maîtres et gravez par Bernard Picart, divisé en six livres chacun de six feuilles. *Amsterdam, Bernard Picart le Romain,* 1729; in-4 obl., demi-rel. chagr. rouge, plats toile, tr. rouge.   15 fr.

Frontispice et 36 planches. (La pl. D. 6 manque).

1889. **Pictet** (Adolphe). Les Origines Indo-Europe ou les Aryas primitifs. Essai de paléontologie linguistique. *Paris, Cherbuliez,* 1859-1863; 2 vol. gr. in-8, br. 25 fr.

1890. **Pictet** (Adolphe). Les Origines Indo-Européennes ou les Aryas primitifs. Essai de paléontologie linguistique. Deuxième édition, revue et augmentée. *Paris, Fischbacher* (1878); 3 vol. in-8, br. 18 fr.

1891. **Pieters** (Charles). Annales de l'Imprimerie des Elsevier, ou histoire de leur famille et de leurs éditions. Seconde édition, revue et augmentée. *Gand, Annoot-Braeckman,* 1858; in-8, demi-rel. dos et coins de mar. violet, dos orné à la grotesque, tête dor., *non rogné.*   15 fr.

1892. **Pinset et d'Auriac.** Histoire du portrait en France. *Paris, Quantin,* 1884; gr. in-8, br.   10 fr.

Illustrations dans le texte et hors texte, exécutées d'après les originaux du musée du Louvre et du Cabinet des estampes. Publié à 25 fr.

1893. **Piot** (Eug.). État-Civil de quelques artistes français extrait des registres des paroisses des anciennes archives de la ville de Paris. *Paris, Pagnerre,* 1873; gr. in-8, br., couv.   10 fr.

GRAND PAPIER VERGÉ. — Tiré à 250 exemplaires.

1894. **Platon.** Rimes traduites par Victor Cousin. *Paris, Rey,* 1846; 13 vol. in-8, demi-rel. dos et coins de veau fauve.   80 fr.

Édition très estimée. Mouillures au tome I".

1895. **Playne** (A.). L'Art héraldique, contenant la manière d'apprendre facilement le blason. Nouvelle édition, revue, corrigée et augmentée. *Paris, Ch. Osmont,* 1717; in-12, veau.   8 fr.

Planches d'armoiries gravées sur cuivre.

1896. **Plon** (Eugène). Benvenuto Cellini, orfèvre, médailleur, sculpteur. Recherches sur sa vie, son œuvre, et sur les pièces qui lui sont attribuées. Eaux-fortes de Paul Le Rat. *Paris, E. Plon,* 1883; in-fol., demi-rel. mar. brun, *non rogné.*   50 fr.

1897. — Le même. *Paris, Plon,* 1883; in-fol., br.   50 fr.

1898. **Plon** (Eugène). Thorvaldsen, sa vie et son œuvre. *Paris, H. Plon,* 1867; pet. in-4, br.   20 fr.

2 belles gravures au burin par *F. Gaillard,* et 35 compositions de *Thorvaldsen* gravées sur bois par *Carbonneau* d'après les dessins de *Gaillard.*

1899. **Pluquet.** Contes populaires, préjugés, patois, proverbes, noms de lieux de l'arrondissement de Bayeux, recueillis et publiés par Frédéric Pluquet. Deuxième édition. *Rouen, Édouard Frère,* 1834; in-8, front., demi-rel. veau, éb. 10 fr.

Tirage à petit nombre.

1900. **Plutarque.** Les Œuvres morales et meslées de Plutarque, translatées de grec en françois (par Jacques Amyot), reveuës et corrigées en ceste seconde édition en

Et de Livres anciens et modernes

plusieurs passages par le translateur. *A Paris, par Vascosan, impr. du roy*, 1574 ; 7 vol. pet. in-8, mar. citron, dos orné, fil., tr. dor. (*Rel. anc.*).   120 fr.

L'une des plus belles éditions de cet auteur, conservée dans une bonne reliure ancienne.

1901. **Plutarque français** (le), vie des hommes et des femmes illustres de la France, depuis le V⁵ siècle jusqu'à nos jours. Ouvrage fondé par Ed. Mennechet. Deuxième édition, publiée sous la direction de M. T. Hadot. *Paris, Langlois et Leclercq*, 1844-1847 ; 6 vol. in-4, demi-rel. dos et coins de chagr. violet, éb., *non rognés*.   70 fr.

180 très beaux portraits gravés en taille-douce et tirés sur Chine.

1902. **Pollnitz** (Baron de). Lettres et mémoires, contenant les observations qu'il a faites dans ses voyages, et le caractère des personnes qui composent les principales Cours de l'Europe. Troisième édition. *Amsterdam, Fr. Changuion*, 1737 ; 5 vol. in-12, front., veau.   10 fr.

1903. **Pommier** (Amédée). De l'Athéisme et du déisme. Deuxième édition. *Paris, Garnier*, 1857 ; in-12, cart., *non rogné*, couv.   3 fr.

1904. **Popelin** (Claudius). Les troys libvres de l'Art du Potier esquels se traicte non seulement de la pratique, mais briefvement de tous les secretz de ceste chouse, que jouxte meshuy a esté toujours tenue celée du cavalier Cyprian Piccolpassi, Durantoys, translatez de l'italien en langue françoyse par maistre Claudius Popelyn, parisien. *Paris*, 1861 ; in-4, br.   20 fr.

PAPIER VÉLIN. Ouvrage orné de 105 figures.

1905. **Port** (Célestin). La Légende de Cathelineau. Ses débuts, son brèvet de généralissime, son élection, sa mort (mars-juillet 1793), avec de nombreux documents inédits et inconnus. *Paris, F. Alcan*, 1893 ; in-8, br.   3 fr.

1906. **Port** (Célestin). La Vendée angevine. Les Origines. — L'Insurrection (janvier 1789-31 mars 1793) d'après des documents inédits et inconnus. *Paris, Hachette*, 1888 ; 2 vol. in-8, br.   10 fr.

1907. **Portalis** (Baron Roger) et Henri **Béraldi**. Les Graveurs du dix-huitième siècle. *Paris, Damascène Morgand et Ch. Fatout*, 1880-1882 ; 3 vol. in-8, br.   50 fr.

PAPIER DE HOLLANDE.

1908. **Portraits**. Recueil de personnages célèbres dans les lettres, les sciences et les arts du XVII⁵ siècle. *Paris, Desrochers, s. d.* (vers 1660); in-4, veau (*Rel. anc.*).   180 fr.

163 portraits en belles épreuves, accompagnés d'un texte biographique manuscrit. On y trouve la plupart des Jansénistes illustres de cette époque.

1909. **Pougin** (Arthur). Dictionnaire historique et pittoresque du Théâtre et des arts qui s'y rattachent. Poétique, musique, danse, pantomime, décor, costume, machinerie, acrobatisme. *Paris, Firmin-Didot*, 1885 ; gr. in-8, br.   12 fr.

350 gravures sur bois et 8 chromolithographies.

1910. **Pour** (Le) et le contre. Recueil complet des opinions prononcées à l'Assemblée conventionnelle, dans dans le procès de Louis XVI. *Paris, Buisson, an 1* (1793); 7 vol. in-8, bas., dos orné.   25 fr.

Rare et intéressant recueil de toutes les opinions formulées par les membres de la Convention dans le procès du roi Louis XVI.

1911. **Pradon**. Les Œuvres de M. Pradon. *Suivant la copie imprimée à Paris, à Amsterdam, chez Antoine Schelte*, 1695 ; pet. in-12, front., veau fauve, dos orné, fil., tr. dor. (*Vᵛᵉ Niedrée*).   30 fr.

Les six pièces contenues dans cette édition sortent des presses de Wolfgang, sauf Statyra qui a été imprimée par Blaeu. Haut. : 131 mm.

1912. **Prévost** (l'abbé). Histoire de Manon Lescaut et du chevalier des Grieux. Notice par Jules Janin. *Paris, Bourdin, s. d.* (1839) ; in-8, demi-rel. dos et coins de chagr. violet, tr. dor.   20 fr.

Exemplaire de PREMIER TIRAGE avec le nom de Manon Lescaut en lettres blanches. Ouvrage illustré par *Tony Johannot* de 90 vignettes, culs-de-lampe, titres et lettres ornées, gravées sur bois, 18 planches tirées à part sur Chine AVANT LA LETTRE et 2 faux-titres imprimés en or.

1913. **Princesses** (Les) malabares, ou le célibat philosophique. Ouvrage intéressant et curieux, avec des no-

Achat de Bibliothèques

tes historiques et critiques. (Par Louis-Pierre de Longue). *Amsterdam, aux dépens de la compagnie,* 1735 ; in-12, veau fauve, dos orné, fil.   6 fr.

> Livre à clef ; il fut poursuivi et condamné à être brûlé par arrêt du Parlement de Paris.

1914. Principes sur la nullité du Mariage, pour cause d'impuissance par M. (Boucher d'Argis); avec le traité de M. le président Bouhier, sur les procédures qui sont en usage en France, pour la preuve de l'impuissance de l'homme. *Londres (Paris),* 1756 ; in-8, veau mar. 10 fr.

> Curieux ouvrage.

1915. Prudhomme. Dictionnaire des individus envoyés à la mort judiciairement, révolutionnairement et contre-révolutionnairement pendant la Révolution, particulièrement sous le règne de la Convention nationale. *Paris,* 1796-1797 ; 6 vol. in-8, br. 50 fr.

> Curieuses planches gravées sur cuivre. Allégories et scènes réelles d'exécutions qui eurent lieu dans les différentes parties de la France.

1916. Puységur (Maréchal de). Art de la Guerre, par principes et par règles. Ouvrage de M. le maréchal de Puységur, mis au jour par M. le marquis do Puységur, son fils. *Paris, Ch.-Ant. Jombert,* 1749 ; 2 vol. in-4, veau.   35 fr.

> Très belles planches démonstratives par *Marvye* et vignettes par *Cochin.*

1917. Quatremère de Quincy. Canova et ses ouvrages ou mémoires historiques sur la vie et les travaux de ce célèbre artiste. *Paris, Ad. Le Clère,* 1834; gr. in-8, portr., demi-rel. dos et coins de mar. violet, dos orné, tête dor., *non rogné.*   8 fr.

1918. Quérard et Barbier. Les Supercheries littéraires dévoilées, par J.-M. Quérard. Seconde édition, considérablement augmentée par MM. Gustave Brunet et Pierre Jannet. — Dictionnaire des ouvrages anonymes par Ant.-Alex. Barbier. Troisième édition, revue et augmentée, par MM. Olivier Barbier, René et Paul Billard. *Paris, Fechoz,* 1882 ; 7 vol. in-8, mar. brun, tête dor., *non rog.(Smeers-Engel).* 120fr.

> Portraits de Barbier et de Quérard, ajoutés.
> Bel exemplaire.

1919. — Les mêmes. *Paris, Daffis,* 1869-1870 ; 7 vol. in-8, demi-rel. basane rouge.   80 fr.

1920. Quinet (Edgard). Histoire de la Campagne de 1815. Deuxième édition. *Paris, Michel Lévy,* 1867 ; in-8, br.   3 fr.

1921. Rabelais. Les Quatre livres de maistre François Rabelais, suivis du manuscrit du cinquième livre, publiés par les soins de MM. A. de Montaiglon et Louis Lacour. *Paris, Acad. des bibliophiles,* 1868-1872 ; 3 vol. in-8, br.   35 fr.

> Exemplaire sur PAPIER VÉLIN. Épuisé.

1922. Rabelais. Les Cinq livres de F. Rabelais, publiés avec des variantes et un glossaire par Paul Chéron. *Paris, libr. des Bibliophiles,* 1876-1877; 5 vol. in-8, br. 150 fr.

> L'un des 15 exemplaires sur PAPIER DE CHINE avec les onze eaux-fortes de *Boilvin* en double état : avec et AVANT LA LETTRE. Épuisé.

1923. Racine. Œuvres complètes de J. Racine. Nouvelle édition, collationnée sur les meilleurs texte. *Paris, Furne et De Bure,* 1829 ; in-8 à 2 col., portr., demi-rel. veau, dos orné, tr. marbr.   4 fr.

1924. Rambosson. Les Pierres précieuses et les principaux ornements. *Paris, Firmin Didot,* 1870 ; in-8, br.   5 fr.

> 43 planches par Yan' Dargent et 1 pl. en chromolithographie.

1925. Raynouard. Choix de Poésies originales des Troubadours, par M. Raynouard. *Paris, imp. de Firmin Didot,* 1816-1821 ; 6 vol. in-8, demi-rel. dos et coins de mar. rouge, dos orné, *non rognés (Purgold).*   300 fr.

> Très bel exemplaire, sur PAPIER VÉLIN, de cette importante publication.

1926. Recueil de copies, de pièces relatives aux guerres de la Révolution française de 1793 à 1796 rangées par ordre chronologique et concernant principalement les guerres des Vendéens et des Chouans. *S. l. n. d.*; in-8, cart. 30 fr.

> Intéressant manuscrit de la fin du XVIIIe siècle, renfermant des pièces relatives à la guerre de Vendée. Proclamation des royalistes du Poitou sur les motifs pour lesquels ils font la guerre (27 mai 1793). — Réponse de la Convention aux manifestes

Et de Livres anciens et modernes

des rois ligués contre la République (26 nov. 1793). — Note remise aux cantons suisses par lord Robert Fitz-Gérald sur le massacre des Suisses (30 nov. 1793), texte français et allemand, et réponse des cantons ; proclamation du duc d'York à ses troupes (17 juin 1794) ; dépêche du prince de Metternich aux provinces belges (23 juin 1794) ; appel du prince de Saxe-Cobourg aux Germains (30 juillet 1794) ; lettre au stadhouder ; lettre du comte de Puisaye aux émigrés (25 décem. 1794) ; paroles de paix et projet de pacification remis au nom des Chouans (12 fév. 1795) ; fin de la guerre de Vendée (1795), etc.

1927. Recueil de pièces authentiques sur le captif de Ste-Hélène ; de mémoires et documens écrits ou dictés par l'empereur Napoléon; suivis de lettres de MM. le grand-maréchal comte Bertrand, le comte Las Cases, le général baron Gourgaud, le général Montholon, les Drs Warden, O'Meara et Antommarchi. *Paris, Alex. Corréard,* 1821-1822 ; 10 vol. in-8, br. 25 fr.

> Portrait en pied de Napoléon lithographié par *Lenglumé* et colorié.

1928. Recueil de pièces sur la Révolution ; in-8, demi-rel. 10 fr.

> Xe recueil de pièces trouvées chez M. Laporte, intendant de la liste civile (Etat des gardes du corps), 1790. — Le Livre rouge ou liste des pensions secrètes. 1790 1re et 2e livr. — Etat nominatif des pensions sur le trésor royal. 1789, tome Ier.

1929. Recueil général et complet des Fabliaux des XIIIe et XIVe siècles imprimés ou inédits, publiés d'après les manuscrits par M. Anatole de Montaiglon. *Paris, libr. des Bibliophiles,* 1872 ; 2 vol. in-8, mar. rouge jans., tête dor., *non rognés (Amand).* 45 fr.

> L'un des 25 exemplaires sur PAPIER DE CHINE (no 8).
> Bel exemplaire.

1930. Règle (la) du Temple, publiée par Henri de Curzon. *Paris, Laurens,* 1886; in-8, cart., *non rogné.* 4 fr.

> De la collection de la Société de l'histoire de France.

1931. Règlemens généraux de la Maçonnerie Ecossaise. *Paris, Nouzou,* 1812 ; in-8, br. 4 fr.

1932. Régnier. Les Satyres du Sieur Régnier. Dernière édition, reveuë, corrigée et de beaucoup augmentée, tant par le Sieur de Sigogne, que de Berthelot. *Paris, imp. d'Anthoine du Brueil,* 1614 ; in-8, mar.

rouge jans., tr. dor. (*Trautz-Bauzonnet*). 130 fr.

> Cette édition, augmentée des poésies de Sigogne, Berthelot, Motin, Trouvant et autres, a donné certainement l'idée du Cabinet satyrique , dont elle peut être considérée comme la première impression. Très bel exemplaire dans un état parfait.

1933. Régnier. Œuvres complètes de Mathurin Régnier, accompagnées d'une notice biographique, de variantes, de notes, etc., par E. Courbet. *Paris, Alph. Lemerre,* 1875 ; in-8, tiré in-4, br. 15 fr.

> Un des 30 exemplaires sur GRAND PAPIER WHATMAN, publié à 40 fr.

1934. Regretz (les) DE PICARDIE et de Tournay a XXIX couplets. *S. l. n. d.;* pet. in-8 goth. de 8 ff. non chiffr. (le dernier blanc), mar. bleu , dos et coins fleurdelisés, doublé de mar. citron, dent., tr. dor. (*Chambolle-Duru*). 400 fr.

> Edition extrèmement rare, différente de celle éditée par Jean Trepperel et décrite par Brunet; la date de 1522 se lit dans les derniers vers de la pièce, dont le titre est orné d'une figure sur bois.

1935. Reichardt (J.-F.). Un Prussien en France en 1792. Strasbourg, Lyon, Paris. Lettres intimes de J.-F. Reichardt traduites et annotées par A. Laquiante. *Paris, Perrin,* 1892 ; in-8, br. 4 fr.

1936. Rembrandt. Œuvres de Rembrandt. *Paris et Vienne,* 1880 ; 4 albums gr. in-4, et gr. in-fol., cart. 350 fr.

> Exemplaire sur PAPIER DU JAPON. 340 planches.

1937. Renan (Ernest). L'Avenir de la Science. Pensées de 1848. Cinquième édition. *Paris, Michel Lévy,* 1890 ; in-8, br. 3 fr.

1938. Reybaud (Louis). Jérome Paturot à la recherche d'une position sociale. Edition illustrée par J.-J. Granville. *Paris , Dubochet Le Chevalier,* 1846 ; in-8, cart. toile de l'éditeur, éb. 120 fr.

> PREMIÈRE ÉDITION, illustrée de nombreuses gravures sur bois, dont 32 tirées à part.

1939. Reybaud (Louis). Jérome Paturot à la recherche de la meilleure des Républiques. Edition illustrée par Tony Johannot. *Paris,*

Michel Lévy, 1849 ; in-8 , cart. toile, fers de l'éditeur, tr. dor. 100 fr.

PREMIER TIRAGE. Vignettes sur bois, dont 30 sujets tirés hors texte.

1940. **Richepin** (Jean). La Mer. *Paris, Maurice Dreyfous*, 1886 ; in-4 carré, br. 14 fr.

Belle édition tirée à 500 exemplaires, dont 450 sur PAPIER VÉLIN (n° 244).

1941. **Ris-Paquot**. Histoire générale de la la Faïence ancienne française et étrangère considérée dans son histoire, sa nature, ses formes et sa décoration. 200 planches en couleurs retouchées à la main, 1400 marques et monogrammes par Ris-Paquot. *Amiens et Paris*, 1874-1876 ; 2 vol. pet. in-fol. *en feuilles.* 200 fr.

Très bel ouvrage de céramique. Le second volume renferme les 200 planches. Exemplaire numéroté (n° 10).

1942. **Rousseau**. La Nouvelle Héloïse, ou lettres de deux amans habitans d'une petite ville au pied des Alpes. Recueillies et publiées par J.-J. Rousseau. *Londres (Paris, Cazin), s. d. ;* 4 vol. in-12, veau, dos orné à la grotesque, tr. dor. 30 fr.

12 charmantes figures dessinées par *Marillier*, gravées par *Delaunay*.

1943. **Saint-Pierre** (Bernardin de). Paul et Virginie. Edition augmentée d'un nouveau préambule. *Paris, impr. de Didot l'aîné*, 1806 ; gr. in-4, cart., *non rogné.* 60 fr.

Portrait par *Lafitte* gravé par *Ribault* et 6 figures AVANT LA LETTRE par *Girard, Girardet, Isabey, Moreau* et *Prud'hon*, gravés par *Bourgeois de la Richardière, Bovinet, Mecou, Pillement. Prot* et *Roger*. Bel exemplaire.

1944. **Saint-Pierre** (Bernardin de). Paul et Virginie (suivi de la Chaumière Indienne). *Paris, L. Curmer*, 1838 ; gr. in-8, portr. et fig., mar. vert, dos orné, comp. de fil., tr. dor. (*Ginain*). 125 fr.

Exemplaire très grand de marges, renfermant à la page 418, le rare portrait de la « *Bonne Femme* » (Mme Curmer), gravé par *Lavvignat*.

1945. **Saint-Victor** (Paul de). Hommes et Dieux. Etudes d'histoire et de littérature. *Paris, Michel Lévy*, 1867 ; in-8, br. 3 fr.

ÉDITION ORIGINALE.

1946. **Sainte-Beuve**. Œuvres de C.-A. Sainte-Beuve. *Paris, Alphonse Lemerre*, 1876-1879 ; 4 vol. pet. in-12, portr., br. 40 fr.

Tableau de la Poésie française. — Poésies complètes. Un des 25 exemplaires sur PAPIER DE CHINE.

1947. **Satyre Ménippée** de la vertu du catholicon d'Espagne et de la tenue des états de Paris (par Le Roy, Gillot, Pithou, Rapin et autres). Dernière édition augmentée de nouvelles remarques (par Le Duchat). *Ratisbonne, Kerner (Bruxelles, Foppens)*, 1726 ; 3 vol. in-8, front. et fig., veau marbré (*Rel. anc.*). 25 fr.

Excellente édition.

1948. **Schliemann**. Ilios, ville et pays des Troyens. Résultat des fouilles sur l'emplacement de Troie et des explorations faites en Troade. *Paris, Firmin Didot*, 1886 ; gr. in-8, fig., br. 18 fr.

1949. **Ségur**. Histoire de Napoléon et de la grande armée pendant l'année 1812. Deuxième édition. *Paris, Baudouin*, 1825 ; 2 vol. in-8, demi-rel. veau. 8 fr.

1950. **Sepet** (Marius). Jeanne d'Arc. *Tours, Alfred Mame*, 1885 ; gr. in-8, br. 20 fr.

L'un des 65 exemplaires sur PAPIER DE HOLLANDE, illustré de 30 figures hors texte, tirées sur Chine et gravées sur bois par *Méaulle*, d'après *Maignan, Zier, Curzon, H. Martin, Maillart, Rochegrosse* et autres.

1951. **Seroux d'Agincourt**. Histoire de l'Art par les monuments, depuis sa décadence au IVe siècle jusqu'à son renouvellement au XVIe. *Paris, Treuttel et Wurtz*, 1823 ; 6 vol. in-fol., demi-rel. veau fauve, éb. 180 fr.

325 planches.

1952. **Sévigné**. Lettres de Madame de Sévigné, de sa famille et de ses amis. *Paris, Blaise*, 1820 ; 10 vol. in-8, demi-rel. bas. 20 fr.

Vues et portraits en taille-douce.

1953. **Souhart** (R.). Bibliographie générale des ouvrages sur la Chasse. la Vénerie et la Fauconnerie, publiés ou composés depuis le XVe siècle jusqu'à ce jour. *Paris, Rouquette*, 1886 ; in-8, br. 8 fr.

Et de Livres anciens et modernes

1954. **Simonin** (Louis). Les Pierres. Esquisses minéralogiques. *Paris, Hachette,* 1869; gr. in-8, br. 8 fr.

91 figures sur bois, 6 planches en chromolithographie et 16 cartes en couleur. Publié à 20 francs.

1955. **Tasse**. La Jérusalem délivrée, traduction nouvelle et en prose, par M. V. Philippon de la Madelaine, augmentée d'une description de M. de Lamartine. *Paris, Mallet,* 1841 ; in-4, demi-rel. dos et coins de chagr. violet, dos orné, tr. dor. 15 fr.

Edition illustrée par *Baron* et *C. Nanteuil* de nombreuses figures gravées sur bois et tirées sur Chine appliqué.

1956. **Tassin**. Les plans et profils de toutes les principales villes et lieux considérables de France. *Paris,* 1634 ; in-4 oblong, vélin. 50 fr.

Première partie de cet ouvrage renfermant 218 planches gravées sur cuivre : Picardie, Bretagne, Champagne, Normandie, Isle de France, Lorraine et Brie. Exemplaire incomplet du titre.

1957. **Testament** (Le Nouveau) en latin et en français, traduict par Sacy. Edition ornée de figures gravées sur les dessins de Moreau le jeune. *Paris, Saugrain (impr. de Didot le jeune),* 1791-1801 ; 5 vol. gr. in-8, demi-rel. veau fauve, dos orné, *non rognés.* 100 fr.

4 frontispices et 108 figures par *Moreau,* gravées par *Baquoy. Dambrun, Delaunay, Delignon, Delvaux, Duhamel, Dupréel, Halbou, de Longueil, Simonet,* etc.

1958. **Testament**. Histoire sacrée du Nouveau Testament, contenant la vie de Jésus-Christ, orné de 72 figures gravées d'après les plus grands maîtres, Raphaël, Rubens, Poussin, etc. Texte rédigé par A. J. D. B. (de Bassinet). *Paris,* 1802; in-8, veau racine, dos orné. 25 fr.

72 planches gravées par *Voysard, Duclos* et autres. Exemplaire de J.-J. DE BURE.

1959. **Testament**. Das nuw Testament kurtz und gründlich in ein ordnung und text, die vier Evangelisten, mit schonen figuren durchauss gefurt Stampt den andern Apostolen. Und in der keiserlichen stat Speier volendet durch Jacobum Beringer Leviten. In dem Jahr dess heiligen reichtags 1526. (In ende) *In herr Jacob Beringers Kosten,*

zu *Strassburg, Jo. Grieninger,* 1527 ; in-fol. goth., cart. 300 fr.

Rare édition publiée à Strasbourg. Elle est illustrée de 65 belles figures sur bois dont la première porte le monogramme H. V., de *Henri Vogtherr.* Le dernier cahier manque avec la dernière figure ; déchirure au f. 91 et à la marge des 2 derniers ff.

1960. **Théâtre** d'histoire, où, avec les grand's prouesses et aventures étranges du noble et vertueux chevalier Polimantes, prince d'Arfine, se represente au vrai, plusieurs occurences fort rares et merveilleuses... Œuvre non moins plaisante et agréable, qu'utile (par Philippe de Belleville). *Bruxelles, Rutger Velpius,* 1613 ; in-4, fig., mar. bleu, dos orné, double rangée de fil. 100 fr.

Curieux roman historique, illustré dans le texte de 57 figures fort bien gravées sur cuivre. L'auteur, d'origine belge, a **signé** la dédicace.

1961. **Théâtre d'honneur** (le) de plusieurs Princes anciens et modernes, avec leurs vies et faicts plus mémorables et leurs vrayes et naturels portraicts, contenant aussi les vies et faicts de tous les chanceliers et gardes des sceaux de France, de plusieurs hommes illustres, des jurisconsultes plus celebres, anciens et modernes qui ont escrit sur le droict romain : Et les faux Dieux, le temps qu'ils ont esté et leurs pourtraicts. *A Paris,* 1618; in-fol., port., mar. vert, dos orné, comp. de fil., tr. dor. (*Rel. anc*). 600 fr.

Edition peu connue de la *Chronologie collée :* elle est divisée en 20 parties avec titre spécial à chaque partie.

Nombreux portraits par *Léonard Gaultier.*

Bel exemplaire aux armes de LOUIS PHÉLYPEAUX, seigneur de LA VRILLIÈRE. Au verso du titre se trouve dessiné le blason d'un prince de Condé avec les fleurs de lis et la couronne en or, accompagné d'un double ? en or répété quatre fois ; ce double ? est également aux angles des plats de la reliure et a été encore dessiné à la fin du volume, surmonté de la couronne royale.

1962. **Thibault**. Académie de l'Espée de Girard Thibault d'Anvers, où se demonstrent par reigles mathematiques sur le fondement d'un cercle mysterieux, la theorie et pratique des vrais et jusqu'a incognus secrets du maniement des armes à pied et à cheval. *Leyde, Elzevier,* 1628; in-fol., demi-rel. bas. 200 fr.

Exemplaire renfermant les 57 planches seules, gravées par *Crispin de Pas, Bolwert, Matham,* etc., de ce livre le mieux illustré qui ait jamais été publié sur l'escrime.

1963. Thomassin (Simon). Recueil des figures, groupes, thermes, fontaines, vases, statues et autres ornemens de Versailles, tels qu'ils se voyent à présent dans le chateau et parc, gravé d'après les originaux par Simon Thomassin. *Amsterdam, P. Mortier,* 1695 ; 4 tomes en un vol. in-4, vélin.   45 fr.

Frontispice, plan de Versailles avec le parc aux cerfs, et 218 planches gravées en taille-douce.

1964. Thoumas (Général). Les Anciennes Armées françaises. *Paris, Launette,* 1890 ; 2 vol. pet. in-fol., *en feuilles* dans huit cartons. 200 fr.

Un des 15 exemplaires sur PAPIER DU JAPON, orné de la double suite, dans le texte et en tirage à part, de très belles planches reproduisant les objets historiques et autres des salles d'exposition du ministère de la guerre en 1889.
Splendide publication éditée à 500 fr.

1965. Tour du Monde (Le). Nouveau Journal des voyages, publié sous la direction de M. Edouard Charton et illustré par nos plus célèbres artistes. *Paris, Hachette,* 1860-1885 ; 49 vol. in-4, br. 200 fr.

Collection complète de l'origine au premier semestre 1885. — Très légère mouillure au tome Ier.

1966. Trésor de numismatique et de glyptique, ou recueil général de médailles, monnaies, pierres gravées, bas-reliefs, etc., tant anciens que modernes, les plus intéressants sous le rapport de l'art et de l'histoire, gravés par les procédés d'Ach. Collas, sous la direction de P. Delaroche, Henriquel Dupont et Ch. Lenormant. *Paris,* 1858 ; 19 vol. in-fol., cart., *non rog.* 500 fr.

Bel exemplaire bien complet, contenant 1020 planches.

1967. Thrésor (le) de Santé, ou Mesnage de la vie humaine. Divisé en dix livres. Lesquels traictent amplement de toutes sortes de viandes et beuvrages, ensemble leur qualité et préparation. Œuvre autant curieuse et recherchée qu'utile et nécessaire. Faict par un des plus célèbres et fameux médecins de ce siècle. *Lyon, J.-A. Huguetan,* 1607 ; in-8, vélin.   60 fr.

Rare ouvrage imprimé à Lyon par Antoine Servain, dont l'auteur est jusqu'à présent resté inconnu et dans lequel on trouve les recettes culinaires en usage au temps de Henri IV.
Remarquons qu'un 13e feuillet, que n'a pas cité M. G. Vicaire dans sa « Bibliographie gastronomique », termine le volume et donne le nom de l'imprimeur.

1968. Triboulet (Le). *Paris,* 1878-1885 ; 7 vol. in-4, demi-rel. chagr. rouge.   100 fr.

Journal politico-satirique.
Nombreuses et humoristiques illustrations.

1969. Uzanne (Octave). Son Altesse la Femme. *Paris, Quantin,* 1885 ; gr. in-8, br., dans un carton. 40 fr.

Très belles illustrations en couleur par *Gervex, Gonzalès, Kratké, Lynch, Ad. Moreau* et *Félicien Rops.*

1970. Vadé. La Pipe Cassée, poème épitragipoissardihéroïcomique. *Paris,* 1881 ; in-8, br., demi-rel. dos et coins de mar. vert, tête dor., *non rogné.*   30 fr.

L'un des 30 exemplaires sur PAPIER DU JAPON avec une suite des eaux-fortes de *Mesplès,* ajoutée.

1971. Vernon Gallery (the) of British Art. Edietd by S. C. Hall. *London, G. Virtue,* 1850-1854 ; 4 vol. in-4, demi-rel. dos et coins de mar. rouge, plats toile, tr. dor. (*Rel. angl.*).   150 fr.

150 planches gravées sur acier, reproduisant les tableaux de cette célèbre collection.
Bel exemplaire.

1972. Versailles. Les Plans, profils et élévations des Ville et Château de Versailles, avec les bosquets et fontaines, tels qu'ils sont à présent; levez sur les lieux, dessinez et gravez en 1714 et 1715. *A Paris, chez Demortain, s. d. ;* in-fol., veau (*Rel. anc.*).   250 fr.

Titre, privilège et 49 planches ou plans du château, du parc et de la ville de Versailles, de Trianon et de Marly, gravés par *Bacquoy, Fonbone, Menant* et *Scotin.*

1973. Vertot (l'abbé de). Histoire des Révolutions de Suède, où l'on voit les changemens qui sont arrivés dans ce royaume, au sujet de la religion et du gouvernement, par M. l'abbé de Vertot. *Paris, Panckoucke,* 1768 ; 2 vol. in-12. — Continuation de l'Histoire des Révolutions de Suède, de M. l'Abbé de Vertot. Histoire d'Eric XIV, roi de Suède.., par M. Olof Celsius. Traduite du suédois par M. Genet le fils. *Paris*, 1777 ; 2 tomes en un vol. in-12. Ens. 4 tomes en 3 vol. in-12, mar. rouge, dos orné, fil., tr. dor. (*Rel. anc.*). 300 fr.

Bel exemplaire aux armes de la Comtesse d'ARTOIS, provenant de la bibliothèque de Lord GOSFORD.

1974. **Veuillot** (Louis). Jésus-Christ, par Louis Veuillot, avec une étude sur l'art chrétien, par E. Cartier. *Paris, Firmin-Didot*, 1875 ; in-4, br. 40 fr.

Ouvrage contenant 180 gravures exécutées par *Huyot père et fils* et 16 chromolithographies d'après les monuments de l'art depuis les Catacombes jusqu'à nos jours.
L'un des 300 exemplaires tirés sur PAPIER VÉLIN A LA FORME.

1975. **Vie des Saints**. Abrégé de la vie des Saints avec de courtes réflexions des sentences tirées de l'écriture sainte et des Pères ; à l'usage des Congrégations de N. D. établies dans les maisons et collèges de la compagnie de Jésus. *Paris, J.-J. Pasquier*, 1758 ; 4 vol. in-24, veau, dos orné, tr. dor. 40 fr.

Titre replié et 375 figures donnant tous les saints de l'année.

1976. **Visconti** et **Mongez**. Iconographie ancienne, grecque et romaine, ou Recueil des portraits authentiques des empereurs, rois et hommes illustres de l'antiquité. *Paris, P. Didot l'aîné*, 1808-1833 ; 7 vol. in-fol., demi-rel. mar. brun, tr. jas. 200 fr.

129 planches gravées. Bel exemplaire.

1977. **Voltaire**. La Henriade, poëme, orné de dessins lithographiques. *Paris, Dubois*, 1825 ; in-fol., veau bleu, dos orné, dent., milieux et comp. à froid, éb., *non rogné* (*Charon*). 200 fr.

Frontispice et grand cul-de-lampe par *Girardet*, 18 figures sur *Chine* par *Horace Vernet* et 69 portraits historiques par *Mauraisse*.
Magnifique exemplaire dans une reliure du temps de la publication du livre.

1978. **Wailly** (Natalis). Eléments de Paléographie. *Paris, impr. royale*, 1838 ; 2 vol. in-4, cart., *non rognés*. 75 fr.

Exemplaire en GRAND PAPIER.

1979. **Weigel** (Christophe). Le Monde dans une noix, c'est-à-dire un abrégé de l'Histoire universelle chronologique des événements les plus remarquables du monde, très plaisamment representez par tables et par figures en taille-douce, trad. de l'allemand par Mathias Cramer. *S. l. n. d.* (1722) ; in-4, veau fauve, dos orné, fil., tr. dor. (*Thompson*). 100 fr.

Très nombreuses et curieuses figures de *Ch. Weigel*, représentant des scènes historiques. Exemplaire VAN DER HELLE.

1980. **Willemin** (N.-X.). Monuments français inédits pour servir à l'histoire des Arts, des costumes, etc., depuis le VIe siècle, jusqu'au commencement du XVIIe siècle. Texte par And. Pottier. *Paris, l'auteur*, 1825 ; 2 vol. in-fol., demi-rel. mar. rouge, tr. jasp. 250 fr.

Edition avec titre renouvelé. 300 planches dont 181 coloriées avec soin. Bel exemplaire.

1981. **Wismes** (Baron de). Le Maine et l'Anjou, historiques, archéologiques et pittoresques. Recueil des sites et des monuments les plus remarquables sous le rapport de l'art et de l'histoire. *Nantes et Paris, s. d.* (1862) ; 2 vol. in-fol., *en feuilles*. 60 fr.

Ouvrage du plus haut intérêt pour l'histoire monumentale des deux provinces du Maine et de l'Anjou. Il est illustré de 108 planches (y compris les 2 frontispices), lithographiées par les meilleurs artistes de l'époque.

1982. **Zurlauben** et **La Borde**. Tableaux de la Suisse, ou voyage pittoresque fait dans les XIII cantons du corps helvétique, représentant les divers phenomènes que la nature y rassemble et les beautés dont l'art les enrichis. Seconde édition. *Paris, Lamy*, 1784-1786 ; 13 vol. in-4, veau marbr., dos orné, dent., tr. dor. (*Rel. anc.*). 200 fr.

Bel exemplaire orné de 428 planches gravées en taille-douce, d'après les meilleurs artistes de la fin du XVIII° siècle.

Le Propriétaire-Gérant : THÉOPHILE BELIN.

CHATEAUDUN. — Imprimerie de la Société Typographique (*Téléphone*).

www.ingramcontent.com/pod-product-compliance
Lightning Source LLC
LaVergne TN
LVHW022352170726
843503LV00008B/3675